미래학교 수업, 생각의 힘 기르기

학생들의 사고 과정이 존중되고,
생각의 힘을 길러 줄 수 있는 좋은 수업 만들기!

미래학교수업, 생각의 힘 기르기

1판 1쇄 발행_ 2022년 11월 21일

지은이 이경학, 오선경, 유명진, 장순호
발행인 임종훈
관리 박란희
디자인 인투
출력/인쇄 정우P&P
주소 서울시 마포구 방울내로 11길 37 프리마빌딩 3층
주문/문의전화 02-6378-0010　**팩스** 02-6378-0011
홈페이지 http://www.wellbook.net

발행처 도서출판 웰북　**정가** 18,000원

ISBN 979-11-86296-87-5　13370

이 책은 저작권법에 따라 보호받는 저작물이므로 무단전재와 무단 복제를 금지하며,
이 책 내용의 전부 또는 일부를 이용하려면 반드시 저작권자와 도서출판 웰북의 서면동의를 받아야 합니다.

* 잘못된 책은 바꾸어 드립니다.

미래학교 수업, 생각의 힘 기르기

학생들의 사고 과정이 존중되고,
생각의 힘을 길러 줄 수 있는 좋은 수업 만들기!

추천글

  교실수업에서 학생들의 사고활동에 대해 고민하고 냉정하게 자신의 수업을 성찰하는 선생님들의 교실 이야기가 인상적입니다. 미래교육을 위해 학생들의 사고를 흔들어 깨우고 미래 사회에 필요한 가치있는 지식을 위해 학생 삶과 연계한 수업들이 학교 현장에서 활성화되기를 기대합니다.

– 최도성 광주교육대학교 총장 –

  지역의 환경문제를 해결하기 위해서 친구들과 고민했던 6학년 과학수업이 기억에 남습니다. 항상 저희들의 생각을 존중해 주시고 더 깊이 생각해 보라고 격려해 주셔서 힘이 되었던 수업시간이었습니다. 출판을 축하드리고 앞으로 후배들에게도 생각의 힘을 길러주는 수업을 잘 해주시길 부탁드립니다.

– 김성훈 중앙대학교 의학부 –

교육 경력이 쌓일수록 수업에 대한 고민도 함께 깊어짐을 느낍니다. 이 책에 나오는 수업에 대한 성찰과 고민에 깊이 공감하며, 저의 수업도 되돌아보게 되었습니다.

– 전남 목포용해초 교사 조유림 –

가르침의 주체는 교사이고 배움의 주체는 학생이라는 말을 직접 실천하신 집필진들의 수업 개선을 위한 노력에 큰 박수를 보냅니다. 삶과 연계된 수업이자 Hands-on과 Minds-on이 병행된 균형 잡힌 수업 사례, 그리고 학생들의 정신적인 직립보행에 도움이 되는 다양한 사례를 이 책에서 같이 찾아보시면 어떨까요?

– 손준호 태봉초등학교 수석교사 –

미래 사회에서는 단순히 암기된 지식이 많은 사람보다 스스로 생각하고 창의적으로 재생산하는 사람을 필요로 할 것입니다. 시대의 흐름에 부합하는 수업을 고민하는 교사들에게 도움을 줄 수 있는 책이 아닐까 싶습니다.

– 전북 동진초 교사 전준 –

저자 소개글

| 대표 저자 : 이경학

주요 약력 2009 개정 초등 과학교과서, 디지털 교과서 심의위원, 2015 개정 초등과학교과서(김영사 출판사) 집필, 제8회 올해의 과학교사상과 STEAM 우수교사, 광주교육대학교 최우수 연수 강사상을 수상하였습니다.

강의로는 전남대학교, 광주교육대학교, 한국교육개발원, KAIST, 전라남도교육청, 전라북도 교육청, 경상남도교육청, 세종시교육청, 광주광역시교육청 등에서 STEAM, 배움 수업, 수업 혁신, 과학적 창의성과 과학수업, 과학과 미래사회 등의 주제로 다수의 강연하였습니다.

2009년부터 현재 광주교육대학교에서 예비 교사들과 선생님들에게 과학교육, 창의성, 창의적체험활동 등을 강의하고 있습니다.

swsbllkh@naver.com

| 저자 : 오선경

주요 약력 교육과정과 프로젝트 학습에 관심을 가지고 연구하고 있습니다. 광주교육과정 분과위원회와 교육과정 운영 지원단, 동부교육지

원청 교육과정 컨설팅단으로 활동하고 있습니다. 쓴 동화책으로 '고민해결사무소'가 있습니다.

| 저자 : **유명진**

주요 약력　2019, 2020, 2021 광주교육정책연구소 현직연구원으로 활동했으며, 2021년 하계 초등교사 1정 연수에서 '학급 경영'을 주제로 강의를 진행하였습니다. 학급 경영과 교실 수업에 대해 관심을 가지고 연구하고 있습니다.

| 저자 : **장순호**

주요 약력　2013~2014년 창의·인성 교과연구회 활동으로 등급표창을 받고, 2017년 컨설팅 장학지원단 컨설턴트로 활동하였습니다. 광주교육대학교 영재교육원 발명 영재반, 전라남도 곡성영재교육원 수학 영재반에서 강의를 하였습니다. 2021년부터 그림책을 활용한 학급 경영과 토론수업에 관심을 가지고 독서교육연구회와 수업나눔동아리에 참여하여 연구하고 있습니다.

| 도서명 | 미래학교수업, 생각의 힘 기르기 |

목차

여는 글 미래학교수업 생각의 힘 기르기 10

1부 말랑말랑한 사고 깨우기 21
- 생각할 시간이 필요해요 24
- 명탐정, 가짜뉴스를 찾아라! 38
- 창의성 고리 만들기 53

2부 대화로 깊어지는 생각 73
- 도전! 서클 수업 76
- 질문으로 만드는 미술 감상 수업 88
- 나와 사진과 이야기 108

3부 너와 나, 생각 콜라보 127
- 우리 함께 해결해요! 130
- 무등산 수달을 구하라! 145
- 으쌰으쌰! 문해력 함께 끌어올리기 163

4부 삶과 연결 짓는 배움　　　　　　　　　185

- 네가 모르는 플라스틱 이야기　　　　　188
- 우리 학교 화장실 내가 만들었다　　　　209
- 오리엔티어링과 제안하는 글쓰기　　　　221

닫는 글　　　　　　　　　235

여는 글

 많은 교사들이 배움 중심 수업의 철학에 공감하여 현장에 확산된 것은 반가운 일입니다. 그런데 배움 중심 수업에서 중요시되는 학생의 주도적인 참여에만 집중한 나머지 흥미 위주의 활동으로만 짜인 수업사례를 많이 찾아볼 수 있습니다. 수업 커뮤니티 사이트에 올라온 수업사례를 보면서 지나친 흥미 위주의 활동으로 과연 교과 성취기준에 도달할 수 있을까 하는 의문이 들었다는 교사도 있습니다. 그리고 이러한 수업이 정작 학생의 배움은 놓치고 있다는 걱정의 소리도 들립니다. 학생들이 재미있게 참여하고 즐겁게 배운다면 더없이 좋겠지만 흥미 위주로만 짜인 수업에서 학생들은 생각하기를 귀찮아하게 되었습니다. 교사는 학생들을 조금이라도 참여시키고 싶어 어르고 달래듯 더 자극적인 것만을 찾게 됩니다. 그러면 또 학생들은 더 생각하기를 귀찮아하는 악순환이 반복되고 있습니다. 배움의 주체는 학생입니다. 그래서 학생들이 사고하지 않는 수업은 배움이라고 할 수 없습니다.

 우리는 학생들의 사고 과정이 충분히 존중받아 생각의 힘을 길러 줄 수 있는 좋은 수업을 만들어 보고자 합니다.

1. 수업에서 우리는

학생들은 수업 시간에 어떤 생각을 할까요? 어떻게 참여하고 있을까요? 교사라면 학생들과 풍부한 상호작용을 통해 학생들에게 의미 있는 배움이 일어나는 수업을 꿈꿉니다. 수업 시간에 자리에 앉아 있지만 생각하지 않는 학생들을 볼 때 교사는 수업하는 것이 힘들고 쉽게 지칩니다. 배움 중심 수업에서 "배움은 자기 생각을 만드는 과정이고, 나눔은 서로 다른 생각을 주고받는 과정이다"라고 합니다. 우리 수업에서 배움과 나눔은 잘 일어나고 있을까요?

미래 교육은 지식 개발이 아니라 능력 개발로 변화하고 있습니다. 능력을 개발하기 위해서 무엇보다 '생각의 힘'이 필요합니다. 인공지능과 로봇 세상인 4차산업혁명 시대에 쏟아져 나오는 엄청난 양의 정보 속에서 유용하고 가치 있는 것을 찾는 것이 중요합니다. 이를 위해서는 사고 필터링 과정을 통해 판단하고 새로운 방법으로 접근하는 능력이 필요합니다. 학생이 단지 정제된 지식을 외우고 있다고 해서 생각을 하고 있다고 할 수 없습니다. 마치 AI가 복잡하고 어려운 데이터를 저장하고 있다고 해서 생각을 하고 있다고 할 수 없는 것과 같은 맥락입니다. 이제는 단순히 일방적으로 주입된 지식으로 생각의 힘을 기를 수 없다는 것입니다.

2. 학생들이 좋아하는 즐거운 활동 수업에서 배움이 잘 일어날까?

우리는 수업의 패러다임 변화에 맞추어 수동적인 일제식 수업에서 벗어나고자 학생들의 흥미를 유발하는 활동 중심의 수업으로 돌파구를 찾으려 했습니다. 활동 중심 수업이 이상적이라고 생각했지만 학생들에게 배움이 제대로 일어났는지 의구심이 들었습니다.

"선생님과 함께한 오늘 과학수업 어땠나요?"

"너무 재미있었어요."

"무엇이 재미있었어요?"

"빛을 이용한 제품을 만들어 보는 것이요."

"빛의 어떤 특징을 이용하여서 만들어 보았나요?"

"……?"

학생들의 대답을 듣고 크게 실망하였습니다. 교사가 의도한 배움의 내용은 없었습니다. 배워야 할 내용을 바탕으로 한 생각의 즐거움이 아니라 감각적인 즐거움만 있었습니다. 학생들은 재미있게 활동에 참여하였을 뿐 학습과 관련된 사고 과정은 일어나지 않았습니다.

학생들이 수업 시간에 활동을 한다고 해서 반드시 사고 활동과 연계되지 않는다는 것을 깨달았습니다.

3. 생각의 힘을 길러주는 수업을 하고 싶다

로버트 루트번스타인·미셸 루트번스타인의 책 생각의 탄생을 읽고 '어떻게 생각하는가'의 중요함을 깨달았습니다. 무엇을 생각하는지에 몰두한 나머지 어떻게 생각하는지에 대한 고민을 놓친 것입니다. 단순한 지식과 현상에 대해 막연히 수동적으로 생각하도록 하고 있었습니다. 교사로서 학생들이 '무엇을 생각하는가' 보다 '어떻게 생각하는가'에 집중하도록 조력하였는지 반성하게 되었고, 학생들이 적극적인 생각을 할 수 있도록 생각하는 힘을 길러주어야 한다는 확신이 생겼습니다. 왜냐하면 배움은 미래를 준비하는 과정이기 때문입니다. '시대의 변화에 따라 새롭게 부상하는 기준이나 표준'이라는 뜻을 갖고 있는 뉴노멀(New Normal) 시대에 그동안 매우 보수적인 성향을 보이던 교육 분야도 변화하고 있습니다. 이러한 시대에 "수업은 어떤 방향성을 가져야 할까?"라는 질문에 '생각의 힘'을 길러주는 것이라 말하고 싶습니다.

4. 질문은 생각이다

"There is no stupid question."이라는 미국 속담이 있습니다. "바보 같은 질문은 없다"는 뜻입니다. 미국과 일본 초등학교를 방문했을 때 우리나라의 교실 분위기와 사뭇 다른 점을 볼 수 있었습니다. 많은 학생들이 손을 들고 교사를 보고 있었습니다. 당연히 교사의 질문에 답을 하기 위해 손을 들고 있는 거라 생각했는데 착각이었습니다. 학생들은 교사에게 질문을 하기 위해서 손을 들고 있었습니다. 이는 학생들이 '무엇'을 생각하기보다는 '어떻게' 생각하는 과정에서 질문을 하는 것이었습니다. 이러한 질문은 진정한 생각이 되고 자신의 사고 과정이 되어서 생각에 대한 생각 즉 메타인지를 작동하는 것이라 할 수 있습니다.

5. 생각의 힘을 길러주는 교실

이 책은 교실 수업에서 '생각의 힘'을 길러주기 위해 다음의 네 가지를 중요하게 다루고 있습니다.

첫째, 학생들은 자발적으로 생각할 때 기쁘게 배울 수 있습니다. 우리나라 학생들의 학업성취도는 OECD 국가들 중 최상위이지만 학습동기, 자아효능감 등의 정의적 특성에서는 낮은 평가를 받고 있습니다. 누군가 시켜서 억지로 외우는 공부를 했기 때문입니다. 입시위주의 교육, 과도한 경쟁, 암기 위주의 학습은 학생들이 자발적으로 생각하는 힘을 잃게 합니다.

둘째, 생각과 배움의 연결입니다. 많은 지식 전달과 대중화를 위해 학교에서 진행해 온 일제식 방법과 형식이 만들어낸 틀 속에서 생각과 배움은 점차 멀어졌습니다. 교실에서 이루어지는 생각과 배움이 학생들의 일상적인 삶과 연결되지 못하기 때문입니다. 학생들이 치열하게 생각해서 배우고 이를 학생들의 삶으로 자연스럽게 연결해 주는 것이 필요합니다.

셋째, 깊은 생각과 대화가 이루어지는 수업이 필요합니다. 21세기 지식정보화 사회가 되고 인터넷이 발달되면서 지식은 언제 어디서든지 쉽게 얻을 수 있게 되었습니다. 지식을 얻기 위한 학습 측면에서만 보면 학교의 필요성과 당위성은 줄어들고 있습니다. 이제 학교의 존재의 의미를 생각해 봐야 합니다. 학교는 지식을 생각하고 대화를 통해 확장하며 가치를 다듬어가는 곳으로 거듭나야 하며 이것을 수업에서 구현해야 합니다. 그러기 위해서는 친구들이나 선생님과 함께 생각을 공유하는 과정에서 생각과 대화가 이루어져야 합니다. 학교에서 공부는 서로 대화를 통해 협력하는 상황 속에서 진정한 배움이 일어날 수 있습니다.

넷째, 생각을 통한 창의성 발현입니다. 창의성 교육보다는 여전히 지식 전달에 초점을 맞추고 있으며, 우리는 창의적인 학생들보다 교사의 말을 잘 듣는 조용한 학생들을 모범생이라고 합니다. 지나치게 많은 학생이 한 반에 배정되어 교실의 수용 인원을 크게 넘어선 '콩나물 교실' 상황에서 성취기준을 달성하기 위한 수업을 진행해야 하는 교사들에게 창의성은 저 멀리 느껴질지도 모릅니다. 그럼에도 불구하고 우리는 학생들의 창의성이 충분히 발현할 수 있도록 수업을 재구성하고 학생들이 충분히 생각할 수 있는 기회를 마련해야 합니다.

이 책은 생각하기 싫은 아이들이 점점 많아지는 교실 수업에서 '어떻게 하면 학생들에게 생각의 힘을 길러줄 수 있을까?'를 함께 고민하는 선생님들이 수업을 디자인하고 실천한 내용, 그리고 그들의 성찰을 살펴볼 수 있게 다음과 같이 구성하였습니다.

1부 『말랑말랑한 사고 깨우기』는 학생들의 잠자는 사고를 흔들어 깨우기 위한 사례로 구성하였습니다.

첫째, 학생의 일상생활 경험과 관련된 교육내용을 통합적으로 접근하여 수학적 사고를 깨우는 수업을 소개합니다. 둘째로 국어 시간에 가짜 뉴스를 이용하여 비판적 사고력을 기르는 미디어 리터러시 수업을 소개합니다. 셋째로 교과 간 통합 및 창의적 사고를 할 수 있는 과학 수업으로 과학적 그림, 상황, 자료를 이용한 창의적인 글쓰기 활동을 통해 학생들의 사고를 깨우고 과학적 창의성을 길러줄 수 있는 수업을 소개합니다.

2부 『대화로 깊어지는 생각』은 '서클, 질문, 연결'의 키워드로 대화를 불러일으킴으로써 생각의 힘을 길러주고자 합니다. '교사와 학생 간, 학생과 학생 간, 학생과 자료 간'에 어떻게 하면 더 적극적이고 활발한 상호작용이 일어나 학생이 배움의 주체가 되게 할 수 있는지 고민을 담았습니다.

첫째, 모든 학생이 동등하게 말할 기회를 가지고 활발히 대화하며 주체적으로 배움에 참여하는 서클을 활용한 도덕 수업을 소개합니다. 둘째, 대화를 통해 미술 작품에 대한 질문과 답을 찾아보며 작품을 깊게 이해하는 미술 작품 감상 수업을 소개합니다. 셋째, 일상생활 속 사진을 이용하여 대화를 통해 이야기를 만드는 수업으로 글쓰기를 어려워하는 학생들에게 충분한 대화로 글쓰기에 대한 부담을 줄여주는 수업을 소개합니다.

3부 『너와 나, 생각 콜라보』는 미래사회에서 강조하는 협력 프로젝트와 사람 간의 상호작용, 원활한 의사소통 등을 다루고 있습니다. 첫째, 모둠 친구들과 함께 우리 주변(지역, 학교, 학급)에서 문제점을 찾아 원인을 분석하고 통계를 이용하여 서로 협력하여 문제를 해결하는 수업을 소개합니다. 둘째, 교실에서 만나는 지역문제해결 플랫폼 수업에서는 학생들이 삶 속에서 문제를 찾고 해결하는 과학 수업을 소개합니다. 셋째, 글을 읽고 이해할 때 서로의 경험과 지식을 나누고 견고히 해주는 방법으로 '협력'을 전략으로 한 국어수업을 소개합니다.

4부 『삶과 연결 짓는 배움』은 학생들의 삶을 기반으로 한 의미 있는 배움을 소개하고 있습니다. 삶에 관련있는 것, 필요한 것을 배우고 수업에서 배운 내용은 삶으로 다시 되돌리는 수업에 대해 논의를 합니다.

첫째, 플라스틱의 문제를 지역사회와 연계한 STEAM 수업을 소개합니다. 둘째, 학교 화장실의 문제점을 이야기하고 문제를 해결하기 위해 화장실의 타일을 디자인하여 꾸며보는 수업으로 수학을 자신과 관련이 없고 필요하지 않은 교과로 생각하는 학생에게 수학에서의 배움이 의미 있는 배움으로 느낄 수 있도록 하였습니다. 셋째, 오리엔티어링 활동으로 학교 곳곳을 돌아다니며 학교에서 문제점을 찾아 모둠 토의 활동을 통해 해결 방법을 '제안하는 글쓰기' 활동으로 구성한 수업 사례입니다.

교실에서 교사와 학생들의 상호작용을 통한 사고활동은 매우 중요합니다. 사고활동이 없는 수업은 숨이 멈춘 수업과 다름이 없습니다. 교육학자 듀이는 학습을 일컬어 학습자의 가치 있는 내용 습득이 아닌 경험의 지속적인 재구성이라고 하였습니다. 경험의 지속적인 재구성을 수업에서의 교사와 학생들의 상호작용으로 사고활동이라고 한다면, 교사는 학생들이 생각하는 힘을 기를 수 있는 수업을 디자인하고 구현해야 하지 않을까요?

선생님 네 명의 교실 수업 이야기는 학생들의 사고 장면과 선생님들의 성찰을 담고 있습니다. 수업 기술의 자랑으로 보여질까 다소 염려가 되지만, 학생들의 다양한 사고 활동에서 느낀 선생님들의 보람과 좋은 수업을 위한 열망으로 이해해 주시기를 바랍니다. 또한, 교실 수업의 문제점을 해결할 수 있는 처방이나 비법을 기대하고 이 책을 읽는다면 실망할 수도 있습니다. 대신 수업에서 학생들의 생각의 힘을 기를 수 있도록 스스로 성찰하고 다양한 방법을 시도하여 미래교육의 방향성을 찾길 기대합니다.

끝으로 교실 수업 이야기를 담은 이 책을 예비교사와 교사 그리고 교실에서 학생들이 어떤 생각으로 수업에 참여하는지 궁금한 학부모님께서도 일독하시길 권합니다.

2022년 11월
집필자 일동

말랑말랑한
사고 깨우기

- 생각할 시간이 필요해요.
- 명탐정, 가짜뉴스를 찾아라!
- 창의성 고리 만들기

미래학교수업,
생각의 힘 기르기

4차 산업혁명 시대로 접어들면서 미래사회에는 획일적이고 단편적인 지식과 사고로 성공하기 어렵다고 합니다. 그래서 창의적인 사람이 미래사회에 꼭 필요하다는 말에 누구나 동의할 것입니다. 하지만 창의성을 연구하는 사람들에 따르면 동서양을 불문하고 학교에서 창의성 교육에 대한 인식은 아직도 상당히 낮다고 합니다. 교실에서 학생들의 교육을 전적으로 담당하는 교사의 경우도 마찬가지라고 합니다. 남과는 다른 독창적인 사고를 하는 창의적인 학생보다는 묵묵히 자신의 과제를 수행하고 교사의 말에 수용적이며 학급에서 조용한 모범적인 학생을 선호한다는 것입니다.

교실 속으로 좀 더 깊이 들어가 살펴봅시다. 학생들이 다양한 활동을 하고 있지만 사고 활동을 통해 학생 개개인이 확산적 사고와 발산적 아이디어를 이용하여 생산적인 활동을 하고 있나요? 아니면 지식을 배우고 경험을 익히는 데 더 관심을 가지고 있나요? 교사는 학생들의 잠자고 있는 사고를 깨우고 창의성을 길러주기 위해서 더 많은 관심을 가져야 합니다.

이 장에서는 학생들의 사고를 흔들어 깨우기 위해 학교 교실에서 실천한 사례들을 소개하고자 합니다.

첫째, 지루하기 쉬운 수학 수업 시간에 생활 속 상황을 이용하여 생각할 수 있는 충분한 기회와 시간을 주고 생각을 깨운 사례를 소개할 것입니다. 일상생활에서의 경험과 관련된 교육내용을 통합적 접근으로 다루고자 하였습니다.

둘째, 재미와 비판적 사고력 둘 다 잡을 수 있는 미디어 리터러시 교육으로 가짜뉴스를 찾는 국어 수업을 소개할 것입니다.

셋째, 교과 간 통합하고 창의적인 사고를 할 수 있는 과학 수업으로 과학적 그림, 상황, 자료를 이용한 창의적인 글쓰기 활동을 통해 학생들의 사고를 깨우고 과학적 창의성을 길러줄 수 있는 사례를 소개할 것입니다.

창의성의 개념과 창의성 교육은 자체모순의 논리를 가지고 있기에 창의성 교육이 어렵다고 합니다.[1] 하지만 이번에 소개하는 수업 사례에서 보듯이 교실 수업에서 잠자고 있는 학생들의 사고를 흔들어 깨운다면 미래사회에서 요구하는 창의성은 학교 교육을 통해서도 길러질 수 있을 것입니다.

---

1) 김성준 외 11인, 교과교육에서 창의성의 이론과 실제, 학지사, 2010

생각할 시간이 필요해요.

충분한 기회와 시간으로 생각을 깨워요.

　창의적인 사람은 확산적 사고로 생산적인 활동을 하기에 미래에는 단순히 지식이 많은 사람보다 창의적인 사람이 중요한 역할을 맡을 것입니다. 수학에서의 창의성은 다양한 방식으로 문제를 분석하고 여러 가지 방법으로 문제를 해결하며 기를 수 있습니다.

　이를 위해서는 학생들이 흥미와 관심을 가질 수 있도록 생활 속에서 일어날 수 있는 문제 상황을 제시해야 합니다. 다양한 방법으로 문제를 해결하고 여러 가지 해결 방법을 서로 비교하며 깊이 생각할 수 있도록 해야 합니다. 문제를 다양한 방법으로 해결하면서 창의성을 기르고 더 나아가 생각하는 힘을 기를 수 있습니다. 이 과정에서 교사는 학생들이 어려움을 느낄 때 적절한 발문과 함께 생각할 수 있는 충분한 기회와 시간을 주어야 합니다.

　이제 수업 사례를 살펴봅시다. 먼저 학생이 먹은 초콜릿의 양을 구하는 상황을 제시하였습니다. 이것을 해결하기 위해 초콜릿 종이 모형, 그림, 퀴즈네어 막대 등을 활용하고 해결한 방법을 서로 비교하며 덧셈식과 연결하여 분수의 덧셈 해결 방법을 설명하도록 하였습니다.

수업 디자인

학년	4학년	교과	수학
주제	분수의 덧셈 알아보기		

수업 흐름	**도입**
	① 문제 상황 제시하기
	  - 초콜릿을 먹는 상황 제시하기
	② 배움 주제 확인하기
	  - 분수의 덧셈 알아보기
	
	전개
	① 분수의 덧셈 해결 방법 알아보기
	  - 초콜릿 종이 모형으로 알아보기
	  - 단위분수로 알아보기
	  - 덧셈식으로 알아보기
	② 가분수(대분수)가 되는 분수의 덧셈 해결하기
	③ 상황극 만들기
	  - 실생활에서 있을 수 있는 분수의 덧셈 상황극 만들기
	
	정리
	① 배움 공유하기
	  - 수업을 통해 알게 된 점과 느낀 점 공유하기		

수업 살펴보기

도입 ❶ 문제 상황 제시

학생들에게 있을 법한 이야기를 문제 상황으로 제시하여 학생들의 관심과 흥미를 유발한다. 학생들은 관심과 흥미를 느낄수록 적극적으로 배우고 생각한다.

> 윤아는 수업이 끝나고 방과후 수업을 가기 전에 초콜릿 5조각 중 2조각을 먹었습니다. 방과후 수업이 끝나고 배가 고파 1조각을 더 먹었습니다.

윤아가 먹은 초콜릿을 구하는 덧셈식을 이야기한다. 문제 상황과 수학 개념에 대한 이해가 없이 덧셈식을 세우는 경우가 있으므로 식을 세운 이유를 함께 이야기하도록 한다. 초콜릿 1개는 5조각이고 2조각을 먹었으므로 $\frac{2}{5}$, 다음 먹은 초콜릿 조각이 1조각이므로 $\frac{1}{5}$이다. 윤아가 모두 먹은 초콜릿 조각은 더해야 하므로 $\frac{2}{5}+\frac{1}{5}$이다.

TIP 동기유발로 제시하는 문제 상황은 수업 전에 미리 학생에게 부탁하여 상황극으로 촬영하고 제시하면 학생들의 흥미와 관심을 더욱 끌 수 있다.

도입 ❷ 배움 주제 확인하기

윤아가 먹은 초콜릿을 구하는 식을 통해 오늘 수업의 배움 주제를 확인한다. 학생들의 대답을 수용하여 '$\frac{2}{5}+\frac{1}{5}$ 해결 방법 알아보기' 또는 '분수의 덧셈 해결 방법 알아보기' 등으로 배움 주제를 정한다. 전혀 다른 배움 주제를 이야기할 경우 제시한 문제 상황과 덧셈식을 생각하여 배움 주제를 정하도록 안내한다.

전개 ❶ 분수의 덧셈 해결 방법 알아보기

윤아가 먹은 초콜릿이 모두 얼마인지 초콜릿 종이 모형을 이용하여 해결하고 설명하도록 한다.

교사 : 윤아가 먹은 초콜릿은 모두 얼마인가요?
A : 3조각을 먹었습니다.
B : 초콜릿 5조각 중 3조각을 먹었으므로 $\frac{3}{5}$입니다.
C : 초콜릿 1조각은 $\frac{1}{5}$이고 3조각을 먹었으므로 모두 $\frac{3}{5}$을 먹었습니다.

윤아가 먹은 초콜릿을 단지 3조각이라고만 생각할 수 있으므로 원래 가지고 있던 온전한 초콜릿의 양을 기준으로 비교하여 이야기하도록 한다. 5조각으로 나눈 초콜릿의 양과 비교하면 $\frac{3}{5}$이다. 따라서 먹은 초콜릿을 구하는 식은 $\frac{2}{5}+\frac{1}{5}$이므로 $\frac{2}{5}+\frac{1}{5}=\frac{3}{5}$이다. 초콜릿 종이 모형으로 구한 방법과 덧셈식을 연결하여 분수의 덧셈을 해결하는 방법을 설명하도록 한다.

> 교사: 초콜릿 종이 모형으로 해결한 방법과 덧셈식을 연결하여 설명해 볼까요?
>
> A: 윤아가 2조각과 1조각을 먹은 것을 더한 것처럼 분자 2와 1을 더했습니다.
>
> B: 분모는 더하지 않고 분자만 더했습니다.
>
> C: 초콜릿을 5조각으로 나눈 것은 변하지 않으므로 분모는 변하지 않습니다.

단위분수인 $\frac{1}{5}$의 개수로 설명하면 $\frac{2}{5}$는 $\frac{1}{5}$이 2개이고, $\frac{1}{5}$은 $\frac{1}{5}$이 1개이다. $\frac{1}{5}$이 3개이므로 $\frac{3}{5}$이다. 분수의 덧셈에서 분모는 더하지 않고 분자만 더하는 원리를 잘 나타내는 식인 $\frac{2}{5}+\frac{1}{5}=\frac{2+1}{5}=\frac{3}{5}$으로 표현한다.

> **TIP** Piaget는 지식과 사고의 본질과 발달을 조작이라는 개념으로 설명하였다. Dienes는 구체적 조작 활동이 학생들이 학습에 능동적으로 참여하고 탐구하도록 내적 동기를 자극한다고 하였다. 이러한 교육이론에 기반하면 인지발달 단계 중 구체적 조작 단계에 있는 초등학생들은 구체물의 조작을 통하여 생각의 힘을 더욱 키울 수 있다.

전개 ❷ 가분수(대분수)가 되는 분수의 덧셈 해결하기

배운 내용을 바탕으로 $\frac{3}{5}+\frac{4}{5}$ 를 여러 가지 방법으로 해결하도록 한다. 학생들은 분수의 덧셈을 해결하는 방법에 대한 비계가 형성되어 있는 상태이다. 비계란 건물을 지을 때 높은 곳에서 딛고 일할 수 있도록 걸쳐 놓은 가설물로 비고츠키는 교사와 또래 친구가 적절한 안내를 제공함으로써 학습에 도움을 주어 인지발달을 돕는 것이라고 했다. 학생들은 알고 있는 내용보다 조금 더 어려운 문제에 도전할 때 다양한 해결 방법을 창의적으로 찾으며 생각의 힘을 기를 수 있다.

> 교사 : $\frac{3}{5}+\frac{4}{5}$ 를 어떻게 해결하면 좋을까요?
> A : 초콜릿 종이 모형처럼 그림을 그려서 해결하면 좋겠습니다.
> B : 지난 시간에 이용한 퀴즈네어 막대를 이용하면 좋겠습니다.
> C : $\frac{1}{5}$ 의 개수를 세어 해결하면 좋겠습니다.
> D : 덧셈식을 이용하여 해결하면 좋겠습니다.

각자 선택한 방법으로 $\frac{3}{5}+\frac{4}{5}$를 해결한다. 교사는 학생들이 생각하여 문제를 해결할 수 있는 충분한 시간을 주고 문제해결 과정에서 어려움을 느낀 학생들에게는 적절한 발문을 통해 학생들이 생각하며 문제를 해결할 수 있도록 한다.

> **TIP** 퀴즈네어 막대는 색과 크기로 구분되는 여러 개의 막대로 조지 퀴즈네어가 개발한 수학적 조작교구이다. 퀴즈네어 막대를 직접 조작하면서 실패하고 조정하는 활동을 통해 학생들에게 생각할 수 있는 기회를 제공하므로 학생들이 충분히 조작할 수 있는 시간을 주어야 한다.

㉮ 그림을 이용하여 해결

그림을 이용하여 해결하는 학생들은 $\frac{3}{5}$과 $\frac{4}{5}$를 그림으로 표현하고 덧셈을 하기 위해 색칠된 칸을 옮긴다. 사각형 1개와 2조각이 더 있으므로 $\frac{7}{5}$, $1\frac{2}{5}$이다.

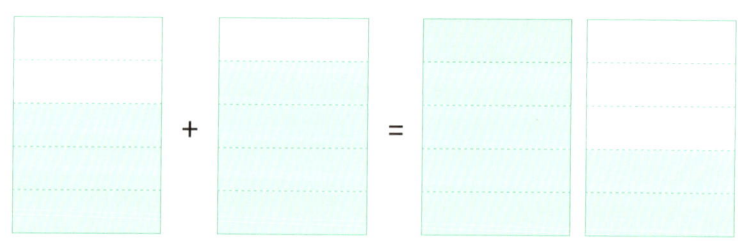

TIP $\frac{3}{5}$과 $\frac{4}{5}$를 그림으로 표현하지 못한 학생들에게는 "분수란 무엇인가요?", "분모와 분자는 무엇을 나타내나요?"와 같은 분수의 개념을 다시 생각해보게 할 필요가 있다. 이 발문을 어려워할 경우 사과 1개를 2명이 먹기 위해 절반으로 잘랐을 때 분수로 어떻게 표현하는지 그림과 함께 생각해 보도록 한다.

㉯ 퀴즈네어 막대를 이용하여 해결

퀴즈네어 막대를 이용하여 $\frac{3}{5}+\frac{4}{5}$를 해결한다. 노란색 막대를 1로 정하면 연두색 막대는 $\frac{3}{5}$, 보라색 막대는 $\frac{4}{5}$이다. 연두색 막대와 보라색 막대를 더한 것은 노란색 막대와 비교하면 $\frac{7}{5}$, $1\frac{2}{5}$이다.

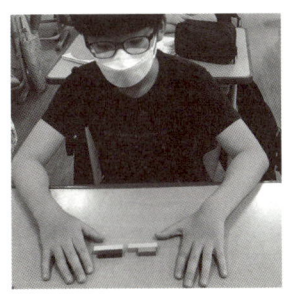
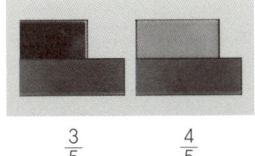
$\frac{3}{5}$ $\frac{4}{5}$
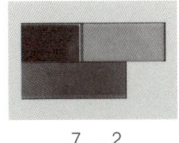
$\frac{7}{5}=1\frac{2}{5}$

㉰ $\frac{1}{5}$(단위분수)의 개수를 이용하여 해결

$\frac{3}{5}+\frac{4}{5}$를 $\frac{1}{5}$의 개수를 이용하여 해결하면 $\frac{3}{5}$은 $\frac{1}{5}$이 3개이고, $\frac{4}{5}$는 $\frac{1}{5}$이 4개이다. 둘을 더하면 $\frac{1}{5}$이 7개이므로 $\frac{7}{5}$이 된다.

㉡ 덧셈식을 이용하여 해결

$\frac{2}{4} + \frac{1}{4} = \frac{2+1}{4} = \frac{3}{4}$ 이므로, $\frac{3}{5} + \frac{4}{5} = \frac{3+4}{5} = \frac{7}{5}$ 이다.

자신이 선택한 방법으로 해결한 후에는 다른 방법으로 해결하고 서로 비교하도록 한다. 여러 가지 방법을 서로 비교하고 해결 과정을 설명하면 분수 덧셈의 원리에 대한 이해가 더욱 깊어진다.

> 교사: $\frac{3}{5} + \frac{4}{5}$를 해결하는 과정을 설명해볼까요?
>
> A: 그림으로 $\frac{3}{5}$과 $\frac{4}{5}$를 나타내고 더하면 $\frac{7}{5}$이 됩니다. $\frac{3}{5}$과 $\frac{4}{5}$를 나타낸 그림을 보면 $\frac{1}{5}$이 3개와 4개이므로 $\frac{1}{5}$이 7개가 된다는 것도 알 수 있습니다.
>
> B: 저는 퀴즈네어 막대를 이용하였습니다. 노란색 막대를 1로 정하면 연두색 막대와 보라색 막대는 $\frac{3}{5}$과 $\frac{4}{5}$입니다. 연두색 막대와 보라색 막대를 더하고 노란색 막대와 비교하면 $\frac{7}{5}$입니다.
>
> C: 여러 가지 방법으로 해결해도 결과는 모두 $\frac{7}{5}$입니다. 분모는 더하지 않고 분자만 더합니다.

학생들은 문제를 해결하는 과정에서 $\frac{3}{5} + \frac{4}{5}$와 $\frac{2}{4} + \frac{1}{4}$와 다른 점을 찾기도 한다. 그중 하나는 더한 결과가 $\frac{2}{4} + \frac{1}{4}$은 $\frac{3}{4}$으로 진분수이지만 $\frac{3}{5} + \frac{4}{5}$은 $\frac{7}{5}$로 가분수가 나온다는 것이다. 대분수로 나타내면 분수의 크기를 어림하기 좋으므로 가분수를 대분수로 나타내도록 한다.

교사: $\frac{7}{5}$을 간단하게 나타낼 수 있을까요?

B: 대분수로 나타내면 좋겠습니다.

C: 대분수로 어떻게 나타내나요?

D: 그림이나 퀴즈네어로 문제를 해결한 결과를 보면 됩니다.

가분수를 대분수로 바꾸는 방법은 3학년에서 배운다. 그림이나 퀴즈네어로 문제를 해결한 결과를 보면 가분수를 대분수로 혹은 대분수를 가분수로 바꾸는 방법을 더욱 쉽게 이해할 수 있다.

TIP $\frac{3}{5} + \frac{4}{5} = \frac{7}{10}$이라는 오류를 범하는 학생들이 있다. 아침에 사과를 2개로 나눈 것 중 1조각, 점심에 1조각을 먹었다면 2조각 혹은 사과 1개를 먹은 것이지 4개로 나눈 것 중 2개를 먹은 것이 아니라는 예시를 통해 분모를 더하지 않는 이유를 설명할 수 있다.

그리고 이 학생들은 분모를 단순히 나눈 수 혹은 눈에 보이는 전체 개수라고 생각하기 때문에 아래 수직선을 보고 분수로 나타낼 때 분모가 6인 $\frac{1}{6}$이라고 이야기한다. 하지만 기준 1과 비교하여 분모는 1을 나눈 개수가 되므로 3이다. 이 개념을 이해하면 $\frac{3}{5} + \frac{4}{5} = \frac{3+4}{5} = \frac{7}{5}$처럼 덧셈식에서 분모를 더하지 않는 이유를 이해하는 데 도움이 된다.

전개　❸ 분수의 덧셈 상황극 만들기

오늘 배운 분수의 덧셈이 우리 주변에서 일어날 수 있는 경우를 생각하여 상황극으로 만들어 본다. 학생들은 다양한 상황과 여러 가지 크기의 분수를 창의적으로 생각할 수 있다.

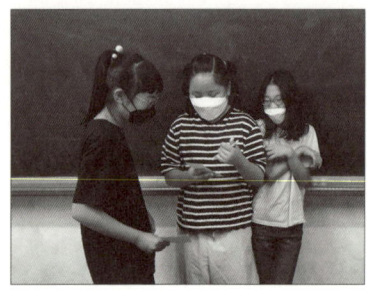 

A: 지점토 좀 빌려줄래?

B: 너는 얼마나 있는데?

A: $\frac{1}{4}$ 있어. 얼마나 빌려줄 수 있어?

B: $\frac{2}{4}$ 빌려줄게.

C: 나는 $\frac{3}{4}$ 있는데 부족할 것 같아. 나도 빌려줄 수 있어?

B: 남은 $\frac{2}{4}$ 는 너 빌려줄게.

실생활에서 구조화된 문제 상황은 일어나기 어렵다. 하지만 상황극을 만들면서 분수의 덧셈 상황에 대한 이해를 높이고 분수의 덧셈이 우리 생활에서 사용되고 있다는 것을 느낄 수 있다.

정리 ❶ 수업에서 얻은 배움 공유하기

수업에서 알게 된 점과 느낀 점을 공유하며 수업을 마친다.

> 교사 : 수업을 통해 알게 된 점과 느낀 점을 이야기해 볼까요?
> A : 분수의 덧셈을 해결할 때 분모의 덧셈은 더하지 않고 분자만 더한다는 것을 알게 되었습니다.
> B : 분모를 더하지 않는 이유를 나눈 개수가 변하지 않기 때문이라는 것을 알게 되었습니다.
> C : 분수의 덧셈을 그림, 퀴즈네어, 덧셈식으로 해결할 수 있다는 점을 알게 되었습니다.
> D : 분수의 덧셈을 하고 가분수로 나오면 대분수로 고쳐야 하는 이유를 알게 되었습니다.

단순히 분수의 덧셈을 해결할 때 분모는 더하지 않고 분자만 더해야 한다는 것을 암기하는 것이 아니라 왜 그렇게 해야 하는지를 이야기하도록 한다. 여러 가지 해결 방법을 서로 비교하여 알게 된 점 등 이번 수업에서 새롭게 알게 된 점이나 느낀 점, 그리고 친구들과의 대화를 통해 얻게 된 배움을 배움 공책에 적고 주위 친구들과 배움에 대해 자유롭게 공유한다.

# 수업 성찰과 나눔

우리샘

학생들이 일상생활에서 경험할 법한 이야기로 수업을 시작하였습니다. 먹는 이야기가 나오니 학생들의 관심과 흥미가 높아졌습니다. 그리고 학생들이 이해하기 쉬운 한 가지 방법으로 해결했을 때의 단점을 보완하기 위해 자신이 선택한 해결 방법이 끝나면 다른 방법으로도 해결하도록 하였습니다. 한 가지 방법으로만 해결했더라도 다른 친구들이 해결한 다양한 방법과 서로 비교하여 개념과 원리에 대한 이해가 깊어지도록 하였습니다.

궁금샘

오늘 수업에서는 분수의 덧셈을 배워야 하는데 퀴즈네어 막대를 사용하기 어려워하는 학생의 경우에는 분수의 덧셈 해결 방법을 더욱 어려워할 수 있을 것 같습니다. 퀴즈네어 막대로 분수의 덧셈을 어떻게 해야 하는지 고민하다가 수업이 끝날 수도 있습니다. 퀴즈네어 막대를 꼭 사용해야 하나요?

창의샘

수학은 구체물과 반구체물을 통해 수학적 사고력, 생각하는 힘을 기를 수 있습니다. 수업에서도 구체물의 장점을 높이기 위해 문제를 해결한 후에는 식과 연결지어 생각하고 설명하도록 하였습니다. 교구 사용 방법을 어려워하는 학생들에게는 다른 해결 방법으로 먼저 해결해 보도록 하면 좋을 것 같습니다.

겨울샘

자신이 이해하기 쉬운 방법을 선택하여 해결하도록 하여 학생들의 부담을 덜어주고 존중받는 느낌을 주었습니다. 그리고 자연스럽게 다양한 방법으로 해결하도록 하여 창의성을 기르도록 하였습니다. 가장 좋았던 부분은 학생들이 창의성을 발휘할 수 있는 지점, 생각의 힘을 기를 수 있는 지점에서 교사의 적절한 발문이 있었다는 점과 학생들이 충분히 생각할 수 있는 시간과 기회를 주었다는 점입니다.

수학 시간에 학생들의 생각하는 힘을 기르기 위해서 먼저 배움에 대한 흥미를 가질 수 있도록 하였습니다. 먹을 것을 소재로 한 이야기, 진짜 일어날 법한 이야기에 학생들은 관심과 흥미를 가집니다. 또한 생각하지 않고 방법과 공식만 암기하려는 학생들에게 왜 그렇게 해결해야 하는지 생각하도록 하였습니다. 이를 위해 수업에서 학생들이 어려움을 느끼는 지점, 혼란을 느끼는 지점에 주목하였습니다. 이 혼란 지점에서 교사의 적절한 발문을 통해 학생들은 스스로 생각하고 어려움을 해결하며 개념과 원리를 깊이 이해하게 되고 결국 생각하는 힘을 기를 수 있습니다.

명탐정, 가짜뉴스를 찾아라!

미디어 리터러시 교육으로 재미와 비판적 사고력 둘 다 잡아 보시죠.

　가짜뉴스²⁾를 아시나요? 디지털 시대를 살아가는 사람이라면 한 번쯤은 본 적이 있을 것입니다. 가짜뉴스는 루머나 거짓말과 달리 소셜 미디어를 통해 전파되기 때문에 그 파급력이 엄청납니다. 그렇기 때문에 개인의 인권을 침해하고, 잘못된 정치·사회적 행동과 갈등을 일으킵니다.

　각종 정보가 범람하는 사회를 살아갈 학생들은 매체를 통해 접한 정보가 사실인지 판단할 수 있는 능력이 꼭 필요합니다. 그래서 우리 교육과정의 핵심역량 중 하나로 비판적 사고력이 자리 잡고 있습니다.

　아래 제시된 수업 사례는 가짜뉴스를 분석하는 활동을 통해 가짜뉴스의 특징과 구분하는 방법을 알아보는 활동으로 구성하였습니다. 학생들은 글을 읽고 내용과 표현의 타당성을 판단하며, 나의 생각과 다른 사람의 생각을 비교하고 통합하는 경험을 하게 됩니다. 이를 통해 일상적 읽기 과정에서도 비판적 사고력이 움트길 기대합니다.

 수업 디자인

학년	5학년	교과	국어

주제	가짜뉴스의 특징과 구분법 알아보기

수업 흐름	**도입**
	① OX퀴즈
	  - 뉴스 기사의 제목을 보고 가짜뉴스인지, 진짜뉴스인지 추측해 보기
	  - OX퀴즈 결과에 대한 소감 나누기
	② 배움주제 확인하기
	  - 가짜뉴스를 분석하는 활동을 통해 가짜뉴스의 특징과 구분법 알아보기
	
	전개
	① 모둠별로 신문 기사를 보고 의심스러운 점 이야기하기
	② 모둠별 발표를 통한 결과 공유
	③ 가짜뉴스를 구분하기 위한 비법
	  - 가짜뉴스를 구분하기 위한 질문 만들기
	  - 가짜뉴스를 구분하기 위한 '나만의 비법' 공유하기
	
	정리
	① 수업에서 얻은 배움 정리하기
	  - 수업을 통해 알게 된 점, 느낀 점을 글로 나타내기

---

2) 정치·경제적 이익을 위해 의도적으로 언론보도의 형식을 하고 유포된 거짓 정보(한국언론학회 & 한국언론진흥재단 주최 '가짜 뉴스 개념과 대응방안' 세미나, 2017. 2. 14.)

수업 살펴보기

도입 ❶ OX퀴즈

가짜뉴스가 얼마나 진짜 같은지, 우리 생활 속에서 얼마나 접하기 쉬운 이야기인지 OX퀴즈를 통해 알아본다. 기사 제목으로 제시한 네 가지 사례 중 두 개는 실제 가짜뉴스 사례이다.

〈진짜 기사와 가짜 기사가 섞인 기사 제목 목록〉

> '푸틴, 우크라이나 동부서 전략 핵무기 사용 승인 선포'
> '짐바브웨, 100조 달러 화폐 발행한 적 있다'
> '고성군 산불 피해 주민들에게 헌 옷 보내주세요.'
> '일본 포도 한 송이에 1,124만 원, 세계 최고가'

학생들은 무엇이 거짓이고 무엇이 진실인지 나름의 이유로 추측을 한다.

> 교사: 화면에 제시된 뉴스 기사 제목을 보고 진짜인지 가짜인지 추측해 볼까요?
> A: 우크라이나에서 전쟁이 일어나고 있으니 진짜일 것 같습니다.
> B: 제 생각에는 러시아에서 우크라이나에 핵무기 사용하는 것을 승인한 것 같습니다. 아무래도 우크라이나가 러시아한테는 중요한 영토이기 때문입니다.

C : 100조 달러 짜리 화폐는 없을 것 같습니다. 엄청난 돈인데 우리나라에도 5만원짜리가 가장 고액 화폐이기 때문입니다.

D : 100조 달러는 적은 돈이 아니기 때문에 일반 사람들이 쓸 일이 없을 것 같습니다. 잃어버리면 큰일 나는 돈인데 이것을 지폐로 만들진 않을 것입니다.

E : 그러니까 기사에 나온 거라고 생각합니다. 별일 아니면 기사로 썼을까요?

F : 포도 한 송이에 천만 원이 넘는다는 건 진짜 거짓말 같습니다. 포도는 안 먹으면 곧 썩어버리는데 그만큼이나 비싸게 가격을 정할까요?

G : 저는 포도가 몇 만 원 한다는 것은 기사거리가 될 수 없으니 오히려 진짜일 것 같습니다. 우리가 평소에 볼 수 없는 일들이 뉴스에 나오기 때문입니다.

H : 산불 피해 주민들은 옷을 집에 두고 몸만 간신히 피할테니 헌 옷이 필요할 것 같습니다. 그러니까 진짜일 것 같습니다.

〈제시한 기사 목록의 OX퀴즈 결과〉

'푸틴, 우크라이나 동부서 전략 핵무기 사용 승인 선포' (X)

'짐바브웨, 100조 달러 화폐 발행한 적 있다' (O)

'고성군 산불 피해 주민들에게 헌 옷 보내주세요.' (X)

'일본 포도 한 송이에 1,124만 원, 세계 최고가' (O)

OX퀴즈의 정답이 공개되자 학생들은 "와"을 연발하며 놀라움을 표현했다. 100조 짐바브웨 달러가 실제로 존재하는 지폐라는 진짜 기사를 보자 "어떻게 저렇게 큰 금액의 지폐가 있을 수 있죠?", "저 정도 돈이면 무엇을 할 수 있나요?"라며 추가적인 궁금증과 함께 놀라움을 금치 못했다.

고성군 산불 피해 주민들에 대한 기사는 실제 가짜뉴스 사례이다. 가짜뉴스로 인해 전국에서 보내온 헌 옷으로 인해 고역을 겪고 있다는 산불 피해 주민들의 이야기가 담긴 실제 기사를 보여 주었다. 학생들은 가짜뉴스의 파급력이 얼마나 대단한지 실감하는 것 같았다. 가짜뉴스에 대한 학생들의 관심은 충분히 높아졌다.

> **TIP** 가짜뉴스는 주로 정치적이거나 자극적인 소재가 많다. 어떤 인물이나 조직에 악의적 의도를 가지고 만들어지기 때문이다. 가짜뉴스의 사례를 알아볼 때에는 학생이 이해하기 어려운 정치적 문제 또는 자극적인 기사보다는 학생의 삶과 가깝고 쉽게 추측할 만한 내용으로 고르는 것이 좋다.
>
> **수업에서 사용할 가짜뉴스 선택하는 방법 – 소거법!**
> 기준을 가지고 해당되는 것을 제거하는 것이 소거법이다. 예를 들어,
> – 정치적인 소재의 기사
> – 자극적인 소재의 기사
> – 특정 인물에 대한 비난이 주가 되는 기사
> – 학생들의 이해가 어렵거나 학생들의 삶과 동떨어진 기사를 자료의 목록에서 제거하여 수업 자료로 활용할 수 있다.

도입 ❷ 가짜뉴스가 미치는 영향 생각하기 – 목표 확인

가짜뉴스가 무엇인지 교사가 간단히 소개하고, 가짜뉴스는 어떤 영향을 미치는지 생각해 보도록 한다. 각자 생각한 것을 짝 대화로 이야기하며 다른 사람의 생각과 자신의 생각을 비교하고 통합한다.

> 교사: 가짜뉴스는 보통 만드는 사람이 나쁜 의도를 가지고 사람들을 속이기 위해 만들어요. 가짜뉴스는 사람들에게 어떤 영향을 미칠까요?
> A: 가짜뉴스는 큰 피해를 줍니다.
> B: 가짜뉴스를 믿고 있다가 현실과 다른 것을 알고서 당황하거나, 사기 같은 피해를 당하는 사람이 생길 것 같습니다.
> C: 나쁜 거짓말에 속는 사람들이 생깁니다.
> D: 산불 피해 주민들처럼 가짜뉴스로 인해 피해를 당하는 사람들이 생겨나면 안 되니까 가짜뉴스를 구분해야 할 것 같습니다.
> E: 가짜뉴스에 속으면 되게 화날 것 같습니다. 만약 포도가 천만 원이 넘는다는 게 가짜뉴스라면 기사를 믿고 희귀한 포도를 사는 사람들도 있을 것 같은데 그 사람들은 바보 되는 거라고 생각합니다. 사기를 치거나 나쁜 의도로 얼마든지 사람들을 속일 것 같습니다. 근데 뉴스가 그러면 안 된다고 생각합니다.

A 학생의 답을 듣고 교사가 OX퀴즈 했던 것을 떠올려 보자고 했더니 D 학생, E 학생과 같이 예를 들거나 상황을 가정하여 설명하는 학생이 생겼다. 이 활동을 통해 학생들은 가짜뉴스가 진짜 우리 생활 속에서 경험할 법한 일임을 알게 되었다.

전개 ❶ 모둠별로 신문 기사를 보고 의심스러운 점 이야기하기

교사가 수업을 위해 의도적으로 제작한 가짜뉴스 사례를 주고 모둠별로 협력하며 의심스러운 점을 찾는다.

내멋대로 일보

OOO빵 희귀캐릭터 월산동에서 주로 출몰?!

온라인 이슈팀 기자 issue@naemutaero.com

'OOO빵'이 새로운 취미로 부각된 요즘, OOO빵을 찾아다니는 연예인의 이야기가 TV에 나올 정도로 OOO빵에 누리꾼들의 관심이 집중되고 있다.

들은 바에 의하면, OOO빵 속에 들어있는 희귀 캐릭터 스티커가 월산동에서 주로 나온다고 한다. 누리꾼들은 하루 동안 월산동의 편의점 다섯 군데에서 희귀 캐릭터 스티커를 발견했다며, 주변의 다른 동네보다 희귀 캐릭터를 구할 확률이 훨씬 높다고 하였다.

유튜버 A씨는 그동안 희귀 캐릭터 중 하나인 'ㅁㅁㅁ'을 구하려고 전국 방방곳곳에서 OOO빵을 구입했지만 캐릭터를 수집하지 못했는데, 월산동 편의점 두 군데에서 이틀 연속 희귀 캐릭터가 나왔다면서 기뻐했다.

또 다른 유튜버 B씨는 희귀 캐릭터가 월산동에만 출몰하는 것에 의구심을 품고 빵 회사를 상대로 소송을 제기할 것이라고 말했다. 일부 누리꾼들도 다른 지역에도 골고루 희귀 캐릭터가 나와야 하는데 월산동에만 편중된 사실을 의아해했다. 한편, OOO빵 회사에서는 빵을 편의점에 납품할 때 랜덤으로 납품이 되며, 어느 빵에 어떤 캐릭터 스티커가 들어가 있는지 자신들도 알 수 없다고 말했다고 한다.   2011. 03. 01.

오늘의 핫 이슈!

1. OOO빵 편의점
2. 기적의 다이어트
3. 인기 유튜버 A
4. 월산동
5. 내멋대로 일보 광고 문의

구독 & 좋아요 ♡

방문만 해도 50% 쿠폰 바로 제공!
naemut.com

🔊 contact

 내멋대로 일보

기적의 다이어트!
1주일만에
책임지고
10kg감량 보장!

발행인 : 비공개 전화번호 : 비공개 주소 : 비공개
내멋대로 일보는 자유롭고 기발한 뉴스를 제공합니다.

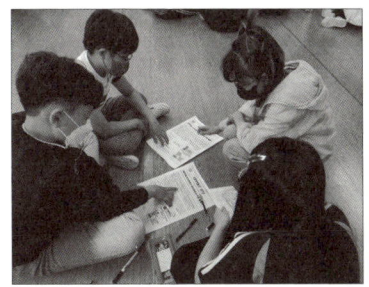 

신문 기사를 보며 모둠별로 협력하여 의심스러운 점 찾는 모습

다음은 학생들의 모둠활동 속 대화 장면이다.

A : 내 멋대로 일보라니! 이런 신문사 이름은 처음 들어 봐!

B : 들은 바에 의하면 이라는 말을 보니 정확한 정보가 아닌 것 같다는 생각이 들어.

C : 희귀 캐릭터 스티커가 월산동에서 주로 나온다고 했는데, 내 주변에는 그런 사람을 본 적이 없는 게 이것이 가짜 증거 아닐까?

D : 희귀 캐릭터가 월산동에서만 나온다고 해서 소송까지 걸 이유는 아닌 것 같은데 좀 이상해.

E : 전문가의 말이나 정확한 출처의 정보를 이용해 적어야 하는데 여기는 온통 누리꾼이나 유튜버 이야기뿐이라서 신뢰가 안 가.

F : 지금 2022년인데 2011년 기사라는 게 좀 이해가 안 돼.

G : 그런데 붙어 있는 광고도 이상해. 1주일에 10kg이나 살을 뺄 수 있다고?

H : 그런데 발행인에 대한 정보가 전화번호도, 주소도 아무것도 없네. 자신의 정보도 밝히지 못하는 발행인은 의심해야 되는 거 아닐까?

전개 ❷ 모둠별 발표를 통한 공유

모둠별로 찾은 내용은 발표를 통해 공유한다.

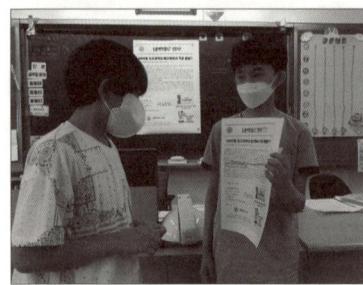 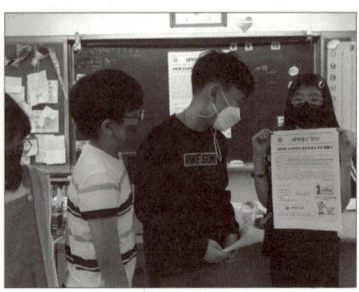

모둠별로 분석한 내용 발표하기

A 모둠 : '들은 바에 의하면'이라는 말에서 의심을 가졌습니다. 기자들은 직접 취재하거나 전문가 인터뷰 등 정확한 출처의 정보를 이용해 기사를 작성하는데, '들은 바'라는 것은 소문이나 확실하지 않은 정보일 수도 있기 때문입니다. 또한, 희귀 캐릭터가 월산동에만 출몰한다고 해서 빵 회사를 상대로 소송을 제기한다는 것이 말이 안 된다고 생각하여 의심하게 되었습니다.

B 모둠 : '누리꾼들은 월산동이 주변의 다른 동네보다 희귀 캐릭터를 구할 확률이 훨씬 높다'라고 하였는데, 동네마다 다 조사한 것이 아닐 것이기 때문에 정확한 정보가 아니라고 생각합니다. 유튜버나 누리꾼의 말을 듣고 기사를 썼는데 그 말이 사실인지를 먼저 알아봐야 하지 않을까요?

C 모둠 : '희귀 캐릭터 스티커가 월산동에서 주로 나온다고 한다'라는 부분이 의심스러웠습니다. 왜냐하면 제 주변에서 희귀 캐릭터 스티커가 나왔다는 사람이 없기 때문입니다.

> D모둠 : 우선 신문 이름부터 이상했습니다. 발행인 정보가 모두 비공개인 것도 이상했습니다. 정상적인 신문사라면 안 그럴 것 같습니다. 광고도 좀 믿음직스럽지 못했습니다.

학생들은 모둠별로 분석한 내용을 발표하였다. 다른 모둠이 발표할 때는 그 모둠의 생각과 내 생각의 같은 점과 다른 점을 비교하며 듣자고 하였다. 모둠이 발표할 때마다 궁금한 점을 질문하거나 간단한 소감을 나누기도 했다. 다른 모둠의 분석에서 자기 모둠의 분석과 같은 내용이 나오면 고개를 끄덕이고, 다른 내용이 나올 때 그 내용을 주의 깊게 듣고 메모하는 학생들을 찾을 수 있었다.

전개 ❸ 가짜뉴스를 구분하기 위한 방법

모둠별로 분석한 내용을 종합하여 가짜뉴스를 구분하기 위한 질문을 만든다. 각자 포스트잇에 질문을 적어 칠판에 전체 공유하면 교사는 학생들과 함께 비슷한 것끼리 분류한다. 학생들과 함께 만든 질문은 다음과 같다.

질문을 적은 포스트잇을 칠판에 붙이기

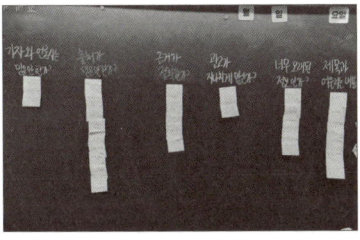

모인 포스트잇을 비슷한 것끼리 분류하기

〈학생들이 만든 질문을 범주화한 것〉

> 1. 제목과 어울리는 내용인가?
> 2. 어떤 의도로 썼는가?
> 3. 광고가 지나치게 많지 않은가?
> 4. 인터넷에 떠도는 정보로 만들었는가? 추측성 기사인가?
> 5. 너무 오래되거나 시기가 맞지 않는가?
> 6. 기자와 언론사는 믿을 만한가?

학생들은 평소에 질문 만들기를 많이 연습해서인지 질문을 만드는 것은 그리 어려워하지 않았다. 학생들이 포스트잇에 적은 것을 분류하여 가짜뉴스를 구분하기 위한 질문을 위와 같이 몇 가지 추려낼 수 있었다.

1번의 '제목과 어울리는 내용인가?'라는 질문은 기사문의 타당성을 살펴볼 때 사용하는 방법이지만, 뉴스 기사에서 제목과 어울리지 않는 내용이니 그것이 가짜뉴스라고 단정 지을 수는 없다. 2번~6번의 질문이 가짜뉴스를 구분할 수 있는 좋은 질문에 해당한다.

한 학생이 가짜뉴스를 구분하기 위해 이런 질문을 사용하는 것이 하나의 방법이 될 수 있겠다고 이야기했다. 그러자 다른 학생들도 스스로 자신만의 방법을 공유해 주었다. '밑줄을 그으며 읽자.', '의심스러운 점을 메모하면서 읽자.', '모르는 낱말은 사전을 찾자.', '비슷한 기사가 또 있는지 검색해 보자.', '혼자 읽는 것보다 같이 읽자.' 등 학생들은 이 비법을 '가짜뉴스에 속지 않는 나만의 비법'이라고 이름 지었다.

정리 ❶ 수업에서 얻은 배움 정리하기

각자 공책에 수업을 통해 느낀 점을 정리해 보도록 한다.

> A : 예전에는 뉴스가 다 사실이라고 생각했는데 그렇지 않을 수도 있다는 것을 깨달았다.
>
> B : 같은 사실에 대해서 사람이나 언론마다 의견이 다를 수 있다는 생각을 했다. 그래서 신문 기사를 볼 때 사실이 무엇이고 그 사람의 생각이 무엇인지를 알아야겠다는 생각을 했다.
>
> C : 핸드폰에서 뉴스 기사볼 때 광고가 엄청나게 나오던데 그런 것들도 다 가짜뉴스일까? 앞으로는 의심하고 봐야겠다.
>
> D : SNS 할 때 '좋습니다' 누르거나 퍼다 나르거나 생각 없이 재미있어서 나른 적이 있는데 그래서 피해를 입는 사람이 있다는 것이 소름이다.
>
> E : 나쁜 의도를 가지고 남을 속이려 한다는 사람이 많다는 것을 알았다. 앞으로는 특히 인터넷 글을 볼 때 비판적인 태도로 읽어봐야겠다.
>
> F : 글을 읽을 때 있는 그대로를 받아들이는 것이 아니고, 다시 한번 생각하면서 신뢰성을 따져보는 것이 중요하다는 것을 알았다.
>
> G : 예전에 인터넷에서 어떤 글을 흥미진진하게 읽다가 마지막에 광고로 끝나는 어이없는 경험을 한 적이 있다.
>
> H : 가끔 말을 지어내는 친구가 있는데 그 친구 말을 들을 때도 정확한 정보인지 살펴봐야겠다.

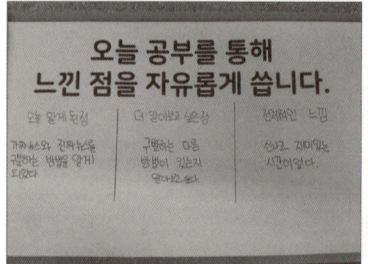 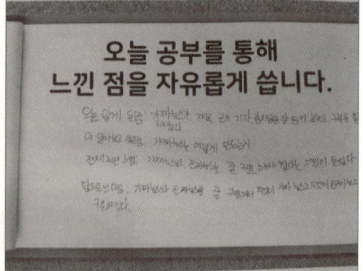

학생들이 작성한 수업을 통해 느낀 점

수업을 마치며 간단한 글을 써서 자신의 생각을 정리한다. 학생들은 SNS를 하며 무분별하게 '좋습니다'를 누르거나 펴다 나르는 행동을 한 것을 반성하기도 했고, 친구들의 말을 들을 때에도 정확한 정보를 살펴본다고 하였다.

##

궁금샘

수업을 하기 전에는 사실 걱정을 조금 했습니다. 순수한 학생들이다 보니 보여주는 뉴스들을 있는 그대로 받아들이는 데만 익숙할 거라 했습니다. 그런데 도입 부분 OX퀴즈 활동에서 가짜뉴스의 심각성, 가짜뉴스를 구분해야 하는 필요성에 대해 느끼고 난 뒤에는 비판적으로 바라보기 위해 노력하는 모습이 보였습니다. 가짜뉴스를 보고 의심스러운 점을 찾는 모둠활동에서 서로 대화하고 질문하는 과정을 통해 서로가 놓치고 있는 부분들을 잘 찾아내는 것이 기특했습니다.

우리샘 비판적 사고력을 기를 때 먼저 의구심을 품는 것이 중요하니 질문 만들기를 꾸준히 해야겠다고 생각했습니다. 질문을 만들면서 나의 생각을 점검해 보고 다른 사람의 생각을 짐작할 수 있기 때문입니다.

창의샘 비판적 읽기, 비판적 사고하기를 위해 학생들은 자기 나름대로의 세부적 활동을 하는 것 같았습니다. 객관적인 사실과 주관적인 의견을 구분 짓고, 타당한 근거가 있는지도 살펴보고, 신뢰성이 있는지 탐색하는 것 같았습니다. 이런 세부 활동들이 반복되고 지속되면 학생들의 비판적 사고 활동에 긍정적인 영향을 준다고 생각합니다.

겨울샘 재미와 비판적 사고력을 둘 다 잡을 수 있어서 더 가치 있는 수업이 된 것 같습니다. 이번 수업을 통해 학생들이 생활 속 정보들을 좀 더 비판적으로 바라보는 계기가 될 듯합니다.

온갖 정보가 범람하는 정보의 홍수 시대에서 살아가면서 학생들은 인터넷, SNS, 유튜브 등에서 다양한 이슈들과 마주하고 있지만, 그 속에서 진짜와 가짜를 구분해 내는 능력은 다소 부족했습니다. 아니, 진짜와 가짜를 구분할 필요성도 잘 못 느꼈습니다. 이 수업을 통해 학생들은 비판적 사고의 중요성을 인식하고, 사실과 의견을 구분하고 주장과 근거를 살펴보고 신뢰성을 탐색해 보는 등 다양한 방법과 지식으로 정보를 비판적인 태도로 바라보기 시작했습니다.

글을 읽을 때나 일상생활에서 만나는 수많은 정보를 그대로 받아들이지 않고 다양한 시각으로 살펴보며 꾸준히 질문을 던져 본다면 학생들의 비판적 사고를 깨우는 첫걸음을 잘 시작할 수 있지 않을까요?

창의성 고리 만들기

과학적 그림, 상황, 자료를 이용해 창의적 이야기를 만들어볼까요?

    초등학교 과학 교과서에는 학생들의 사고력을 키워주기 위한 과학 글쓰기가 있습니다. 과학 글쓰기란 자연 현상이나 과학적 사실, 개념, 원리 등과 관련된 내용은 물론 사고 과정을 글로 표현하는 활동이라고 할 수 있습니다. 이러한 과학 글쓰기는 보고서나 논문처럼 긴 글쓰기보다 관찰이나 측정, 분류의 결과를 논의하고 이를 정리하도록 하는 경우가 많습니다. 반면, 초등학교 국어 교과서에는 이야기나 사건의 흐름을 파악하여 이어질 내용을 상상해 쓰는 활동이 있습니다. 이번 사례에서는 과학과 국어 수업을 연계하여 과학적 창의성을 활용한 과학 글쓰기 수업을 소개하고자 합니다.

    이 수업에서 학생들은 고차원적인 글쓰기 활동보다는 과학적 내용으로 적절한 용어나 개념, 원리로 그럴듯한 방법과 까닭을 제시하여 창의적 이야기를 만듭니다. 그리고 과학적 근거를 활용하여 주제를 명확하게 드러내기 위해 짜임새 있게 구성되었는지 초점에 맞춰 수업이 진행됩니다.

수업 디자인

학년	4학년	교과	과학
주제	과학적 그림, 상황, 자료를 이용해 창의적 이야기 만들기		

수업 흐름	**도입** ① 배움 되돌려보기 　- 단원 내용 살펴보기 　- 친구들에게 단원 내용 한 줄로 발표하기 　- 단원 내용에서 궁금한 점 찾기 ② 배움 주제 확인하기 　- 물체의 무게 내용을 이용해 창의적으로 이야기 만들기 　- '창의적으로 이야기 만들기' 유의점 확인하기 **전개** ① 무게 관련 그림 살펴보기 　- 이야기의 시작 장면 찾기 　- 그림을 보고 이야기의 차례 정하기 ② 정해진 차례에 따라 이야기 꾸미기 　- 주어진 그림을 정리하여 과학적 내용을 담아 창의적으로 글쓰기 　- 이야기 발표하기 　- 이야기 고쳐쓰기

| 수업
흐름 | ③ 이야기 흐름 계단책 만들기 & 갤러리 워크
  - 고쳐 쓴 이야기 책으로 만들어 정리하기
  - 갤러리 워크를 통해 친구들의 책 살펴보기
  - 최고의 이야기책 선정하기

정리
① 수업에서 얻은 배움 공유하기
  - 오늘 수업에서 느낀 점과 아쉬운 점에 나누기 |

도입 ❶ 배움 되돌려 보기

과학적 그림, 상황, 자료를 이용해 창의적 이야기 만들기 준비단계로 그동안 배운 과학 교과서 단원 내용을 모둠 친구들과 함께 살펴보도록 한다. 이때 태블릿 PC를 활용하여 '물체의 무게' 단원 내용을 심도 있게 살펴보도록 한다. 과학적 창의성을 발현하기 위해서 관련된 과학적 지식과 탐구내용이 매우 중요하기 때문이다. 본격적인 수업에 들어가면서 학생들에게 오늘 배움주제에 대해 이야기한다.

> "이번 과학 시간에는 그동안 배운 내용을 가지고 창의적 글쓰기를 하려고 합니다. 국어 시간에 상상하여 글 쓰는 방법을 배웠습니다. 배운 내용을 잘 생각하여 창의적인 글쓰기를 해볼 겁니다. '물체의 무게' 단원 내용을 과학 교과서와 태블릿 PC를 이용하여 살펴보기로 하겠습니다. 모둠 친구들과 단원 내용을 살펴본 후 한 줄로 간략히 써보도록 하겠습니다. 그리고 궁금한 점을 찾고 모둠에서 해결해 보겠습니다. 해결 과정에서 어려움이 생기면 선생님의 도움을 받으면 됩니다."

배움 주제와 활동 내용을 간략히 알려주고 추가 질문을 받고 다음 단계로 넘어갈 준비가 되었다.

> 교사: 물체의 무게 단원 내용을 한 줄로 발표해 볼까요?
> A: 수평잡기를 통해 물체의 무게를 비교할 수 있습니다.
> B: 용수철을 이용해 물체의 무게를 측정할 수 있습니다.
> C: 요리를 하기 위해서 물체의 무게를 정확하게 측정해야 합니다.
> D: 나만의 저울을 만들어보고 무게를 측정하였습니다.
> 학급 학생 대부분은 무게 측정 방법과 실제로 무게를 측정한 경험을 이야기하였다.

배움 내용 발표가 끝나자 학생들은 단원에서 배웠지만 아직 여전히 해결하지 못한 궁금한 내용을 친구들과 이야기한다. 배운 내용을 한 줄 발표하기로 했지만 자신이 모르는 부분을 찾고 배움의 과정을 되돌려 보는 중요한 활동이다.

TIP 학생들이 단원에서 학습한 내용을 먼저 상기할 수 있는 충분한 시간을 주고 수업을 진행한다. 배운 내용을 정리할 때는 과학교과서 탐구활동 중심으로 배운 개념을 확인하도록 한다. 학생들이 배운 학습 요소를 차시별 흐름에 맞게 정리하면 창의적인 글쓰기 활동을 할 때 도움이 된다.

예 무게를 측정하는 예, 무게를 정확하게 측정해야 하는 까닭 → 수평잡기 원리 → 용수철 저울의 원리

도입 ❷ 배움주제 확인하기 - 물체의 무게 내용을 이용해 창의적으로 이야기 만들기

'물체의 무게' 내용을 이용한 창의적인 이야기 만들기를 할 것이라고 배움 주제를 직접 확인시켜 준다. 이때 교사는 과학적 내용으로 창의적인 이야기를 만드는 데 유의할 점을 안내하도록 한다. 충분한 안내가 되지 않았을 경우 이야기 만들기가 과학적 내용은 쏙 빠진 채 단순히 국어 수업의 연장이 될 수 있기 때문이다.

여러분은 과제를 해결할 때 여러 가지 자료는 모을 수 있으나, 그것을 하나의 주제에 맞게 잘 정리하는 것이 조금 어렵지요? 과학에서도 여러 가지 자료를 조금씩 모아 전체를 만들어가는 매우 중요하고 어려운 과정이 있습니다. 이번에는 그림을 보고 창의적인 이야기를 만들어보겠습니다.

√ 주어진 그림들을 하나의 이야기로 연결지어 보세요.

√ 무게 재기와 관련지어 이야기를 써주세요.

> √ 이야기를 쓰면서 어떤 그림에 관련된 것인지 번호를 괄호 안에 써주세요.
> 예) "철수는 몸무게를 재는데 (그림 ②) .....
> √ 제목은 여러분이 쓴 이야기의 내용과 어울려야 합니다.

학생들이 활동지를 읽고 유의할 점을 다시 확인한다. 궁금점이 있는지 모둠원끼리 열심히 서로 이야기를 나눈다.

배운 내용 살펴보기

유의할 점 확인하기

전개 ❶ 무게 관련 그림 살펴보기

교사는 실물화상기로 준비한 활동지를 보여준다. 활동지에는 무게와 관련이 깊은 그림 3개, 관련이 없어 보이는 그림 3개가 있다. 관련 없어 보이는 그림을 준비한 이유는 학생들이 독창성과 융통성을 바탕으로 과학적 상황을 포함한 전체적인 내용을 창의적으로 생각하여 글로 쓸 수 있게 하기 위해서이다. 바로 창의성 기법 중에 강제 결합법(Forced

Relationships)을 사용하고자 준비한 것이다. 교사의 의도를 모르는 학생들의 반응은 엇갈렸다.

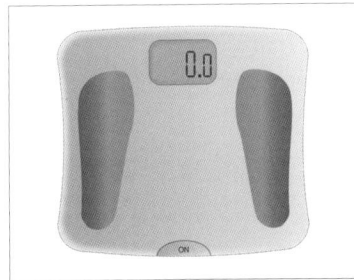
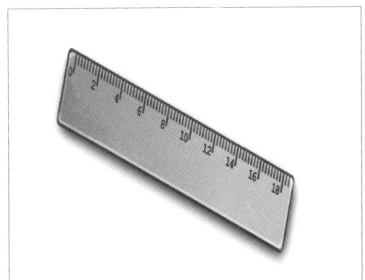

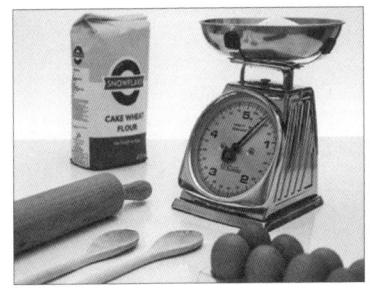

그림 출처 : https://pixabay.com/무료 사진

A : 왜 그림 ②와 ③이 있는지 모르겠네?

B : 나는 로봇이 무게와 무슨 관련이 있는지 모르겠어.

C : 선생님, ①~⑥까지 모든 그림을 이야기로 해야 하나요? 필요한 그림만 사용하면 안 될까요?

D : 선생님, 새로운 그림을 그려서 해도 되나요?

교사 : 선생님이 안내한 내용에 맞게 천천히 해보면 될 것 같은데……

D : 그림 순서는 바꿔도 되는 거죠?

교사 : 네, 그림의 순서는 바꾸어도 괜찮습니다.

TIP 창의성 기법 중에 강제 결합법(Forced Relationships)은 겉으로 전혀 관련 없어 보이는 두 개 이상의 아이디어나 사물을 강제로 연관시킴으로써 새로운 아이디어를 찾아내도록 유도하거나 확장시키는 방법이라고 할 수 있다. 이때 유의할 점은 학생들이 오개념을 가지고 글을 쓰고 있는지 확인이 필요하다.

학생들은 이야기의 시작 장면을 정하기 위해서 6장의 그림에서 1장을 선택한다. 그리고 모둠 친구들에게 시작하는 그림을 선택한 이유에 대해서 간단히 설명한다. 번호가 적힌 그림을 모두 가위로 자르고 이야기 순서를 정하도록 한다. 6장의 그림을 보고 이야기의 차례를 정한다. 학생들은 그림의 위치와 순서를 바꿔 이야기의 전반적인 흐름을 정하도록 한다.

그림 오리기   이야기의 차례 정하기

전개 ❷ 정해진 차례에 따라 이야기 꾸미기

〈정해진 차례에 따라 이야기 꾸미기 활동 흐름〉

> 개별 이야기 완성 → 개별 이야기 발표 → 탑쌓기 놀이 하며 다른 모둠원들의 새로운 아이디어 얻기 → 내가 낸 아이디어를 바탕으로 이야기 수정하기

그림의 순서를 정했다면 이제는 차례대로 이야기를 꾸민다. 학생들은 이야기를 만들어 꾸미는 과정에서 어려움을 느끼고 있었다.

"선생님, 글을 짧게 써도 돼요?"

"꼭 과학적 내용이 들어가야 해요?" 가 대표적인 예이다.

학생들은 중간에 그림의 순서를 바꿔 자신의 이야기에 조금씩 변화를 주었다. 어느 정도 학생들의 개별 이야기 꾸미기가 마무리되었다. 이제는 모둠 친구에게 자신이 정리한 이야기를 소개하고 '손바닥 탑 쌓기 놀이'를 한다.

이야기 정리하여 발표하기

계단책 만들기 준비

> **TIP** 손바닥 탑 쌓기 놀이 방법
>
> ❶ 모둠 친구들끼리 서로 마주보고 선다.
> ❷ 이야기를 쓴 한 사람을 선택하여 이야기의 시작을 말하고 손바닥 방향을 아래로 향하도록 한다.
> ❸ 시계 방향으로 다른 사람이 이어질 이야기를 말하고 먼저 말한 친구의 손등에 손을 올려놓는다.
> ❹ 다른 사람은 다음 이어질 이야기를 말하고 두 번째에 말한 친구의 손등에 손을 올린다.
> ❺ 6개의 그림을 이와 같은 방법으로 하여 하나의 창의적인 이야기가 완성되도록 한다.

모둠 친구들과 '손바닥 탑 쌓기 놀이'를 하면서 자연스럽게 창의적인 이야기를 수정한다. 물론 여기에서 모둠원 모두의 이야기를 다루지는 않는다. 왜냐하면 자신의 이야기가 아직 완성되지 않았는데 친구들 앞에서 논의되는 것을 썩 좋아하지 않기 때문이다. 하지만 개별 이야기를 발표하기 전에 단원에서 배운 '물체의 무게' 배경지식과 상상한 내용을 바탕으로 학생 자신의 사고를 조금씩 수정·보완하여 이야기를 쓰도록 한다. 이때는 사건과 원인 결과에 따라 배열하여 글쓴이 의도에 의해 전개해 가는 방식도 좋지만, 글을 쓰는 부담을 줄이도록 시작 → 전개 → 정리라는 간단한 원칙으로 쓰도록 한다. 이는 과학 시간에 배운 내용을 바탕으로 이야기 속 상황들이 바뀐다면 이야기의 흐름이 어떻게 변할지 상상하는 시간을 갖는 것이 배움의 핵심이기 때문이다.

전개 ❸ 계단책 만들기 & 갤러리 워크

이제는 학생들의 사고 결과를 다듬어 확장하는 단계로 넘어간다. 교사가 미리 준비한 계단책을 학생들에게 나눠주고 설명을 이어간다.

> 교사: 이제는 여러분이 정리한 이야기로 계단책을 만들어보겠습니다.
> A: 계단책이요?
> 교사: 네, 6장의 그림을 계단책에 붙이고 그림책으로 완성을 해보는 겁니다.
> B: 선생님, 계단책 표지도 쓰고 그림에 어울리게 색칠도 해야 하나요?
> 교사: 아무래도 그렇게 하면 좋겠지요?
> D: 혹시 이야기가 바뀌어도 되나요?
> 교사: 계단책에서 이야기의 순서와 내용이 또 바뀌어도 됩니다.

교사는 수업 설계과정에서 미처 생각하지 못한 것을 학생들이 예리하게 질문해서 많이 당황했다. 활동과정에서 선택해서 할 수 있는 부분은 학생들 몫으로 돌려주고 나름의 방식으로 계단책을 완성한다. 학생들은 그림을 붙이고 글을 쓰는 위치를 정하고 그림에 색을 추가하여 입히기도 한다. 학생들은 계단책의 표지와 제목을 쓰는 데 남다른 공을 들이는 것 같다. 그리고 자신이 만든 책을 친구들과 함께 보는 활동이 있다는 것에 더 긴장한다. 계단책을 완성하는 과정에는 친구들의 내용이 궁금했는지 교사의 눈치를 보며 옆의 친구 작품을 보려고 한다. 교사는 학생들에게 궁금하면 친구들에게 방해가 되지 않는 선에서 볼 수 있도록 한다. 창의적으로 이야기를 꾸민다고 하지만 낯선 활동이 두렵고 어렵기는 마찬가지이기 때문이다.

창의성과 관련된 수업에서 중요한 것은 학생들이 제안한 것에 대한 가치를 친구들과 함께 공유하는 것이다. 아무리 좋은 가치를 품고 있는 창의성이라고 할지라도 함께 공유하지 못하고 정교화하지 못한다면 창의성의 가치는 줄어들 것이다.

과학적 창의성을 발현하기 위해서 과학적인 내용을 담아 이야기가 거의 완성되었다. 이제는 자신들이 만든 이야기를 친구들과 함께 공유해보는 활동으로 넘어간다. 학생들 서로가 다소 부끄러워하는 것 같았지만 이러한 부끄러움은 잠시뿐이다.

동일한 시간과 장소에서 같은 내용으로 배웠지만 서로 다르게 탄생한 사고의 결과물(이야기)를 공유하고 서로의 아이디어를 상호평가하기 위해서 갤러리 워크(Gallery Walk)한다.

갤러리 워크는 미술관에서 작품을 감상하며 걷는 것처럼 교실을 돌아다니며 각 모둠 또는 개인이 제작한 결과물을 살펴보고 의견을 주는 방법으로 학교 현장에서 많이 사용하는 상호평가 방법이다. 다소 시끄러운 분위기에서 학급 친구들이 작성한 창의적 이야기 만들기 활동지와 책을 보면서 이야기를 나눈다. 교사의 말은 자연스럽게 줄어들고 학생들의 사고가 풍성해지는 시간이며 가르치고 배우는 속도와 사고의 속도가 다르다는 것을 교사가 깨닫는 순간이다.

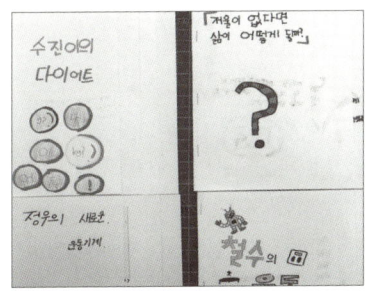

계단책 작품 예시

갤러리 워크로 친구 작품 감상하기

TIP 갤러리 워크(Gallery Walk)에서 주의해야 할 점은 다음과 같다.
1. 이야기에서 의미 있게 다른 점을 찾아본다.
2. 비난적인 관점이 아니라 비판적인 관점으로 고쳤으면 하는 점을 찾아 격려해 준다.
3. 친구의 이야기에서 칭찬할 점을 찾아준다.
   (과학적인 내용을 담아 창의적으로 이야기를 만든 친구에게 별(*) 스티커를 붙여주도록 하였다.)

4. 친구들의 이야기를 살펴보고 자신이 쓴 글을 고쳐 써도 괜찮다.
   (단, 주어진 그림들이 하나의 이야기로 자연스럽게 연결되어야 한다.)
5. 제목을 보고 친구의 이야기를 미리 상상해 본다.

〈저울이 없다면 삶이 어떻게 될까? 작품 내용〉

관련 그림	이야기
	어느 날 삐릿삐릿 왕국에서 로봇이 한 마을에 쳐들어와 마을의 저울을 몽땅 가져갔어요.
	운동을 열심히 했지만 살이 얼마나 빠졌는지 알 수가 없었습니다.
	왜냐하면, 체중계가 없어서 사람들은 얼마나 빠졌는지 몰랐어요.
	로봇이 준 것은 고작 18cm 자였지요. 하지만 자를 가지고 아무것도 할 수가 없었습니다. 마을 사람들은 저울이 필요했습니다.
	어느 날 마을 사람들은 힘을 모아 로봇을 물리쳤고 저울을 마을로 다시 가져올 수 있었습니다. 마을 사람들은 너무나 기뻤지요.

관련 그림	이야기
	마을 사람들은 되찾은 저울이 있어서 요리할 때, 운동할 때 등등 편리하게 저울을 사용할 수 있었습니다. 마을 사람들은 저울이 얼마나 소중한지 알게 되었답니다.

갤러리 워크를 하면서 학생들의 감탄사를 이곳저곳에서 들을 수 있었다. 학생들의 배움은 교사의 가르침뿐만 아니라 옆에 있는 친구들에게서도 있다는 것을 증명해 주는 소리이다. 이 활동은 학생들의 창의적인 사고에서 약점을 찾기보다는 장점을 살려 더 정교화하는 것이다. 창의적인 사람의 성향 중 하나가 자신의 창의성을 인식하는 것이다. 이를 위해서 자신의 사고를 창의적으로 의식하고 자신의 사고와 결과물에 대한 독창성에 가치를 부여한다는 것이다. 교사는 학생들에게 자신의 사고를 창의적으로 생각하는 것과 자신의 창의성에 가치를 부여하는 경험을 주고 싶었다.

친구들의 창의성에 대한 가치를 살펴보았다면 이제는 조금 더 냉철하게 최고의 이야기 책을 선정한다. 교사는 학생들에게 별 스티커 2장을 주고 최고의 책을 정하여 그 책의 활동지에 붙이도록 한다. 계단책이 아닌 이야기를 처음으로 정리한 활동지에 붙이게 한 이유는 친구의 글쓰기 전반적인 과정을 다시 한번 확인해 주기를 바라는 교사의 마음이다. 유의할 점으로 자신의 작품은 제외해야 하고, 친하다고 붙이는 것은 안 되며, 한 친구에게 한 장씩만 붙여야 한다고 안내한다. 매우 진지한 모습으로 친구의 작품을 보고 별 스티커로 붙이는 모습에 교사는 또 한 번 놀랐다. 교사가 학생들의 활동 분위기만 잘 만들어줘도 수업에서 절반 이상 성공한다는 것을 다시 한번 깨닫게 되는 시간이었다. 그리고 갤러리 워크를 통해 과학적 창의성을 의미 있게 공유할 수 있는 계기가 되어 수업에 대한 자신감이 조금 생겼다.

정리 ❶ 수업에서 얻은 배움 공유하기

창의적 이야기 만들기 수업을 하며 알게 된 점과 느낀 점을 공유하며 수업을 마친다.

> "오늘 창의적 글쓰기 수업에서 느낀 점과 아쉬운 점에 대해 이야기해 볼까요?"
> A: 과학 시간에 배웠던 것으로 이야기를 만드는 것이 어려웠지만 재미있었습니다.
> B: 나와 다른 친구들의 계단책을 보는 것이 좋았고 우리 반 최고의 책을 선정했는데 다른 시간에도 해보면 좋을 것 같습니다.
> C: 다음에는 내가 직접 그림을 그려서 이야기를 만들어보고 싶어요.

학생들은 처음 해본 창의적 글쓰기 수업이 어색하고 어려웠지만 다른 교과 수업 시간에도 하고 싶다고 하였다. 또한 친구들이 쓴 그림책을 보고 함께 이야기를 나누는 과정에서 많은 것을 배우게 되었다고 하였다. 교사는 어려운 창의적 글쓰기 수업에 적극적으로 참여하고 친구들의 작품을 존중하며 발표한 학급 학생들에게 엄지척으로 칭찬하며 수업을 마무리한다.

 수업 성찰과 나눔

창의샘

수업을 설계하는 과정에서 조금 더 정교하지 못했던 것에 아쉬움이 남습니다. 창의적 과학 글쓰기 수업을 위해서 수업 내용 준비만 집중하다 보니 학생들의 예상치 못한 질문과 글쓰기 활동에 어려움이 있었습니다. 하지만 학생들이 배운 교과 내용을 가지고 창의성을 발현해서 글로 표현할 수 있는 기회를 준 것이 좋았습니다. 그리고 친구들의 그림책을 읽고 비판하는 과정에서 창의적 사고 활동이 점점 더 확장된 것 같습니다. 교사가 수업을 준비한 것보다 더 긍정적인 반응이 나와서 만족스럽습니다.

궁금샘

학생들에게도 배움과 사고의 시간이 다르다는 것을 다시 한번 생각하게 되었습니다. 저도 교과 수업에서 창의성을 길러주기 위해 창의성 발현 과정에 시간과 기회를 주고 오늘과 같은 수업을 꾸준히 시도해 보고 싶습니다.

겨울샘

저는 과학과 국어 수업이 융합되고 자연스럽게 교육과정-수업-평가가 연계된 일체형 평가가 이루어졌다고 봅니다. 또한 학생들의 고차원적 사고력과 자기주도적 능력을 향상시키고 친구들의 동료평가를 통해 자연스럽게 자기성찰을 할 수 있었다고 봅니다.

학생들이 평가라고 느끼지 않고 자연스럽게 학습을 위한 평가(assessment for learning)로 과정중심의 평가에 의미를 담아냈다고 봅니다. 하지만 학생들이 익숙하지 않은 평가 방법에 대해 많이 당황한 것 같습니다.

우리샘

과학 시간에 배운 내용적 지식을 활용하여 국어 시간에 배운 방법을 적용해 보는 인상적인 수업인 것 같습니다. 학생들의 충분한 사고시간을 보장해 주기 위해서 블록타임으로 수업을 디자인하고 학생의 창의적인 사고를 이야기 책으로 이끌어 냈다는 것이 좋았습니다.

4차 산업혁명시대에 교육 또한 발 빠르게 많은 변화를 시도하고 있습니다. 교실에서 수업 방식과 학생들의 참여 방법도 다양해지고 있습니다. 그리고 이제는 교실 수업을 통해 지식 개발이 아니라 능력의 개발로 변화하고 있으며 그에 따라 평가의 방법도 변하고 있습니다. 여기에 발맞추어 교육과정과 교과교육에서 창의성을 핵심역량으로 정하고 교육과정 재구성 차원의 수업이 보편화되었습니다. 교사는 미래사회에 요구되는 창의성을 길러주기 위해서 교실 수업에서 어떤 고민을 해야 할까요? 창의성은 긴 시간에 걸쳐서 여러 가지 노력과 영감과 직관의 결합으로 나타난다고 합니다. 교과수업에서 교과의 특성이 반영된 특수영역적인 관점에서 창의성이 길러질 수 있다는 연구가 뒷받침해 주듯이 이제 교실에서 교과 중심의 창의성을 길러주는 수업에 다양한 접근을 해야 할 때라고 생각합니다.

참고문헌

김민경 외, 생각의 힘을 키우는 초등수학 문제해결, 경문수학교육학.

김부윤, 이지성, 수학적 창의성에 대한 관점 연구, 2007.

대한수학교육학회, 대한수학교육학회지 〈학교수학〉 제1권 (2), 1998.

최순옥, 정영옥, 비계설정을 통한 수학 교수-학습에 대한 연구, 2005.

김민경, 패턴블록을 활용한 구체적 조작활동에 관한 소고, 2005.

초등학교 4-1 과학 지도서, 김영사, 2022, 115~118쪽.

초등학교 4-1 국어 지도서, 교육부, 2022, 246~251쪽.

이경학, 박종원, 과제 수행형 과학 창의성 평가 도구의 개발과 적용. -물리내용을 중심으로-, 2018, 새물리.

이경학 외, 초등과학 수업에서 통합적 사고 학습을 위한 R.G.B 기법 개발 및 적용, 한국초등과학교육학회, 2013, 32(1), 10~21.

2부

대화로 깊어지는 생각

- 도전! 서클 수업
- 질문으로 만드는 미술 감상 수업
- 나와 사진과 이야기

미래학교수업,
생각의 힘 기르기

수업은 상호작용을 통해 이루어집니다. 상호작용은 '교사와 학생 간, 학생과 학생 간, 학생과 자료 간' 등 매우 다양한 형태로 일어납니다. 선생님의 교실에서는 이러한 상호작용이 활발히 일어나고 있나요? 어떻게 하면 더 적극적이고 활발한 상호작용이 일어나 학생이 배움의 주체가 되게 할 수 있을까요?

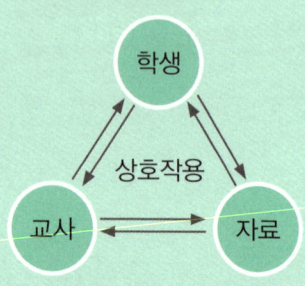

일상 수업 장면을 떠올려 봅시다. 교사가 다양한 방법으로 핵심개념을 설명하고 그에 대한 질문을 합니다. 그러면 몇몇 학생이 손을 들어 그야말로 누구나 쉽게 알고 있으면서도 기대치를 벗어나지 않는 '모범 답안'을 이야기합니다. 교사는 학생의 대답을 듣고 설명을 덧붙이며 다른 생각을 묻습니다. 발표하는 몇몇 학생들을 제외하고는 모두 약속이라도 한 듯 조용히 있지요. 학년이 높아지면 침묵의 정도도 심해집니다. 심지어는 "생각하기 귀찮아요."라는 반응도 흔해졌지요. 너무나 슬픈 일입니다.

소크라테스는 '대화'를 통해서 상대방이 자신의 무지를 깨닫고 진리를 추구하게 하였습니다. 배우는 자가 주체가 되어 스스로 진리에 다가서게끔 하였다는 것입니다. 그래서 수업 중 대화에 초점을 맞추고자 합니다. 수

업을 할 때 대화가 활발히 일어난다면, 서로 의견을 말하고 반응을 살피며 경험을 공유하는 과정에서 학생들은 고차원적 생각을 하게 됩니다.

대화로 생각이 깊어지게 하는 첫 번째 수업은 서클을 활용한 수업입니다. 모든 학생이 동등하게 말할 기회를 가지고 활발히 대화하며 주체적으로 배움에 참여합니다.

두 번째 수업은 질문을 이용하여 미술 작품을 감상하는 수업입니다. 대화를 통해 미술 작품에 대한 질문과 답을 찾아보며 작품을 깊게 이해합니다.

세 번째 수업은 일상생활 속 사진을 이용하여 대화를 통해 이야기를 만드는 수업입니다. 글쓰기를 어려워하는 학생들에게 충분한 대화는 글쓰기에 대한 부담을 줄여줍니다.

모든 학생이 대화에 참여하게 하는 것이 쉬운 일은 아닐 것입니다. 학생들의 사고를 자극하며 자유로운 분위기에서 서로의 생각을 주고받으며 활발한 대화가 일어날 수 있도록 유도하는 수업 방법이 필요합니다. 바로 '서클, 질문, 연결'의 키워드로 대화를 불러일으키고자 합니다.

도전! 서클 수업

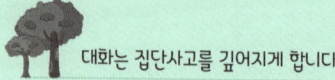

대화는 집단사고를 깊어지게 합니다.

'서클'은 동그랗게 둘러앉아 대화하는 모임입니다. 회복적 교육[1]의 실천 모델 중 하나로 서클에 참여하는 모든 사람은 동등하게 말할 기회를 가지고 동등한 관계로 자신의 생각과 감정을 표현합니다. 다 함께 생각하고 경험을 공유하는 과정에서 학생들은 머릿속에 있는 것들을 말로 꺼내야 하는데, '나는 어떤 이야기를 하지?'하면서 머릿속에 말할 내용을 그려보고 속으로 연습도 하게 됩니다. 이 과정에서 자신이 설명하고자 하는 대상에 대한 이해를 견고히 할 수 있습니다. 더불어 다른 학생들의 생각을 들으며 자신이 어떤 부분을 모르는지 파악이 가능하고 모르는 부분을 보완하기 위한 전략을 세우는 메타인지 능력을 키울 수 있습니다.

학생이 평화로운 배움의 공간에서 주체적으로 배움에 참여하고 활발히 생각하며 대화하는 서클 수업을 제안하고자 합니다.

수업 디자인

학년	6학년	교과	도덕
주제	공정함의 의미와 공정한 생활의 중요성 알아보기			

수업 흐름

도입
① 마음 열기
  - 환영의 말과 서클 소개하기
  - 약속 확인하기
  - 자신의 감정 표현하기

② 배움 주제 확인하기
  - '공정'이란 무엇이며 왜 중요한지 알아보기

③ 여는 질문하기
  - 오예X 하나를 우리 모둠이 어떻게 나눠 먹을까?

전개
① 어떤 축구 경기 이야기 보고 이야기 속에 나타난 공정함에 대해 생각하기
  - 주제 질문) 축구 선수가 페널티 일부러 페널티 킥에 성공하지 않은 이유는?

② '만약에 말이야' 놀이하기
  - 주제 질문) 만약에 말이야, 반장/심판/판사/선생님이 공정하지 않다면?

③ '공정'이란 무엇인지, 공정한 생활의 중요성 알기
  - 주제 질문) 공정함이란 무엇일까?
  - 주제 질문) 왜 공정한 생활이 중요할까?

정리
① 수업에서 얻은 배움 공유하기
  - 성찰 질문) 오늘 서클 수업을 통해 알게 된 점? 느낀 점?

도입 ❶ 마음 열기

먼저 서클을 시작하기 위해서는 서클에 참여하는 사람들이 모두 편안한 상태가 되는 것이 중요하다. 학생들이 동그랗게 둘러앉도록 안내하고 서클 가운데에 놓는 센터피스와 토킹스틱, 서클의 규칙을 준비한다. 수업 시간인데 책상을 치우고 의자만 동그랗게 둘러앉으라고 하니 무슨 재미있는 활동을 하는지 아이들의 얼굴은 호기심으로 가득찬다. 서클을 처음 시작할 때에는 학생들에게 서클이 어떤 의미인지 아래와 같이 설명한다.

> **교사**: 오늘 도덕 시간에는 서클로 수업을 하려고 합니다. 서클로 만난다는 것은 우리 모두 동등하다는 뜻이에요. 우리는 동등하게 말하고 듣습니다. 방금 선생님이 가운에 놓은 것은 센터피스라고 해요. 오늘은 선생님이 가져왔는데 여러분의 마음을 편안하게 해주는 것이 있으면 다음 시간에 가져와도 좋아요. 이제 서클의 약속을 소개할게요. 토킹스틱을 가진 사람만 말을 할 수 있어요. 토킹스틱을 돌리며 우리 모두 동등하게 말할 기회를 가집니다.

토킹스틱을 소개하고 '경청하기', '평가, 판단, 추측하지 않고 듣기', '끝까지 함께하기'에 대한 약속을 안내한다. 서클 수업에서는 학생들이 마음을 열고 이야기하는 것이 중요하기 때문에 수업의 첫 부분은 현재의 기분이나 상태를 묻는 일상적인 질문에서부터 시작한다. 학생들은 '즐겁다', '재미있다', '짜증난다', '심심하다', '어색하다' 등으로 자신의 감정을 표현한다. 이제 본 수업에 들어갈 준비가 되었다.

> **TIP**
> - 센터피스는 서클의 가운데 놓는 물건으로 원으로 둘러 앉은 모두의 시선이 집중되는 곳이기 때문에 마음이 편해지는 물건 또는 학급에게 의미있는 물건을 놓는다. 학생이 센터피스로 놓고 싶은 물건을 가져와서 놓을 수도 있고, 학급에서 센터피스로 삼고 싶은 것을 협동 작품으로 만들어보는 것도 적극 추천한다.
> - 토킹스틱 역시 마찬가지로 학생들이 서클에서 사용하고 싶은 물건을 가져오거나 학급에 의미있는 물건을 사용해도 좋다(아이들은 가지각색의 인형을 많이 가져오는데, 서클을 기다리며 자신의 인형이 토킹스틱으로 쓰여지길 무척 기대한다.). 마스크를 쓰고 있을 때에는 핸드 마이크를 토킹스틱으로 사용하는 것도 한 가지 방법이다.
> - 서클의 규칙(예시)
>   – 토킹스틱을 가진 사람만 이야기해요.
>   – 중간에 끼어들지 않고, 평가하지 않고 잘 들어줘요.
>   – 서클이 끝날 때까지 함께해요.
>   – 서클에서 나눈 이야기는 다른 곳에서 하지 않아요.
>   – 이야기하고 싶지 않다면 침묵으로 참여해요.
> => 학생들에게 더 추가하고 싶은 규칙이 있는지 물어봐서 추가할 수 있다.

도입 ❷ '공정'이란 무엇일지 생각해보기 – 목표 확인

미리 준비한 초코과자를 꺼내어 모둠에 하나씩 나누어준다. 각 모둠에서는 초코 과자 한 개를 공정하게 나누는 방법에 대해 치열하게 의논하고 그 결과를 서클에서 말한다.

> A: 저희는 똑같이 4등분해서 나누기로 했어요. 똑같이 나누는 게 공평하잖아요.
> B: 저희는 가위바위보를 해서 이긴 사람이 다 먹기로 했어요. 우리 모두가 이것에 동의했기 때문에 공정하다고 생각해요.
> C: 저희는 ○○이가 오늘 아침을 안 먹고 왔다고 해서 ○○이한테 반을 주고 나머지를 저희가 나눠 먹기로 했어요. 꼭 똑같이 나누는 것만이 공정한 것은 아니라고 생각해요.

학생들이 생각에 빠진다. 모둠끼리 속닥속닥 치열하게 의견을 주고받는다. 가위바위보를 해서 이긴 사람이 다 먹기로 했다는 말에 교실이 술렁거렸고, 그건 아니라고 따지는 소리가 많이 들렸다. 아이들 사이에 생각의 차이가 생겨 점점 흥미를 더해갔다. 아침을 안 먹은 학생까지 생각하더니 그 이후에는 초코과자를 싫어하는 학생 이야기까지 나오기도 했다. 아이들의 대화에서 '1/n이 공정한 것이다.', '출발선이 다른 사람들을 배려하는 것이 공정한 것이다.'와 같은 공정에 관한 생각이 다양하게 펼쳐졌다. 이제 충분히 시동이 걸렸다고 생각했다. 그리고 자연스럽게 '공정함의 의미와 공정한 생활의 중요성'에 대해 알아보자는 배움 주제를 공유했다.

전개 ❶ 어떤 축구 경기 이야기 보고 이야기 속에 나타난 공정함에 대해 생각하기

도덕 교과서에 제시된 축구 경기 이야기에 대한 영상을 본다. 축구 경기의 한 장면인데, 심판 판정에 따라 페널티 킥이 주어졌으나 상대편은 그 판정이 옳지 않다고 생각하여 일부러 페널티 킥을 실축한 이야기이다. 축구 선수가 일부러 페널티 킥에 성공하지 않은 이유에 대해서 자유롭게 생각하고 이야기를 나눈다.

> A : 심판이 잘 못 판정했으니까요.
> B : 경기를 공정하게 하려고요.
> C : 잘못된 것을 바로잡으려고요. 그게 공정한 거니까요.
> D : 페어플레이라는 스포츠정신을 실천한 것 같아요. 근데 저 같으면 그냥 페널티킥 넣어서 이겼을 것 같은데…

단순하던 대답이 갈수록 살을 붙여갔다. '나라면 어떻게 했을 텐데.'와 같이 고차원적 사고로 이어지는 말들도 나오기 시작했다. 발표로 말하자고 했으면 한두 명 정도 말하고 말았겠지만, 서클로 진행하니 대다수의 학생들이 열심히 말을 주고 받았다. 학생들이 하는 자유로운 말들이 다른 학생들에게 생각할 거리를 주었다.

전개 ❷ '만약에 말이야' 놀이하기

탄력받은 대화를 이어서 '만약에 말이야' 놀이로 넘어갔다. 만약에 반장이 공정하지 않다면 어떻게 될지, 판사가, 심판이, 선생님이 공정하지 않다면 어떻게 될지 자유롭게 이야기 나누어보았다.

> 교사 : 만약에 학급에서 반장이 공정하지 않다면, 또는 법원의 판사가, 경기에서 심판이, 우리반에서 선생님이 공정하지 않다면 어떻게 될까요?
> A : 그럼 피해를 보는 친구가 생길 것입니다.
> B : 반장이 친구들을 차별할 것 같습니다. 친한 친구에게만 잘해주게 될 것입니다.
> C : 저는 진짜 그런 경험이 있습니다. 예전에 4학년 때인가? 반장이 떠든 사람 적는데 친한 애들은 안 적고 뭐 나눠줄 때도 친한 애들 먼저 주고 그래서 진짜 화났던 적이 있습니다.
> D : 판사가 공정하지 않으면 우리나라 망할 것 같습니다. 진짜 죄 있는 사람들이 풀려나고 죄 없는 사람들이 감옥 가고 그럴 거라고 생각합니다.
> E : 그걸 이용하는 사람들이 많아질 것 같습니다. 뇌물 주고 자기 죄 없게 해달라고 부탁을 한다거나 등등 나쁜 일들이 벌어질 것입니다.

학생들은 편안하게 대화하면서 왜 우리 생활에 공정함이 필요한지 스스로 터득하며 자연스레 자신의 경험을 끄집어냈다. 한 학생이 경험을 이야기하면 그 경험에 대해 덧붙이는 이야기가 나오기도 했다. 토킹스틱을 돌리며 잘 생각이 나지 않을 때는 '패스'를 하기도 하는데, 한 바퀴가 돌고 나서 패스를 했던 학생이 다시 이야기하기도 한다. 말하기에 소극적인 학생들은 여전히 패스를 자주 하며 이야기하는 것을 꺼렸지만 발표 수업 때보다는 다양한 이야기를 나눌 수 있었다.

> **TIP** 만약에 말이야 놀이는 얼마든지 상황을 다르게 제시할 수 있다. 또는 학생들이 경험한 상황을 소재로 삼아도 좋고 책에서 보던 상황을 가져올 수도 있다.

전개 ❸ 공정한 생활의 중요성 알기

이제 수업의 중요한 지점에 도달했다. 공정함의 의미와 공정한 생활의 중요성에 대해 정리하기 위해 공정함이 무엇인지, 공정한 생활이 왜 중요한지 질문을 한다.

> 교사: 공정함이란 무엇일까요?
> A: 축구 경기를 할 때 판정을 올바로 하는 거요.
> B: 판사가 법에 따라 재판하는 거요.
> C: 새치기하지 않는 거요.
> D: 반장이 차별하지 않는 거요.
> E: 내가 하기 싫은 일을 다른 친구에게 시키지 않는 거요.
>
> 교사: 공정한 생활이 왜 중요할까요?
> A: 싸움이 일어나거나 갈등이 생기지 않으려면 공정한 생활이 중요한 것 같아요.
> B: 공정하지 못하면 억울한 사람들이 생기잖아요. 누군가 피해를 볼 수도 있고요.
> C: 우리나라가 잘 살기 위해서요!
> D: 평화롭게 살기 위해서요.

학생들 나름대로 공정함에 대해 정리한 이야기를 했다. 물론 '공정함은 공정한 거요.'라고 대답하는 친구들도 있다. 사전 속에 나오는 정의와 교과서에 나오는 완벽한 정리보다 아이들 나름대로 정리한 개념이 기억 속에 오래 남고 일상생활에서 생각해보거나 실천으로 이어질 수 있을 것이라 생각한다. 학생들이 이야기하는 내용은 교사가 전달하고 싶었던 내용을 뛰어넘었다. 수업을 구상한 교사로서 내가 전달하고자 하는 내용이 잘 전달되었는지 불안해하지 않아도 됐고, 많은 내용을 익히게 하려고 목에 핏대 세워 설명할 필요도 없었다.

정리 ❶ 닫는 질문

서클 수업을 하며 알게 된 점과 느낀 점을 공유하며 수업을 마친다.

> 교사: 오늘 서클 수업을 통해 알게 된 점과 느낀 점에 대해 이야기해볼까요?
>
> A: 손 들고 발표하는 것보다 토킹스틱을 돌리며 이야기하는 것이 재미있었어요. 평소에 발표하지 않는 친구들도 많이 이야기한 것 같아요.
>
> B: 초코 과자를 나눠 먹는 방법이 여러 가지가 있다는 것을 알게 되었어요. 그냥 사람 수대로 똑같이 나누는 거 말고도 여러 가지를 생각해야 한다고 느꼈어요.
>
> C: 만약에 말이야 활동을 하면서 공정함이 중요하다고 느꼈어요.

학생들은 처음 해본 서클 수업이 어색하지만 재미있었다고 했다. 다음 도덕 시간에도 서클로 수업을 하고 싶다는 말도 나왔다. 그냥 발표를 하는 것보다 자유롭게 대화하는 게 편안하다고 했다. 그리고 공정함이 무엇이고 왜 공정한 생활이 중요한지 알게 되었다는 수업 내용을 정리하는 이야기도 나왔다. 교사는 공정한 사회를 만들기 위해 노력하고 실천하는 방법에 대한 다음 차시를 예고하고 서클 수업을 마쳤다. 그리고 첫 서클 수업임에도 열심히 참여해준 학생들에게 고마운 마음을 전했다.

수업 성찰과 나눔

겨울샘

공정함이 무엇인지 처음 시작하는 말은 되게 뻔했습니다. 보통의 수업 방식이었다면 한두 개의 모범답안이 나오고 끝났을텐데, 서클로 수업을 하다보니 정말 다양한 이야기들이 나오기 시작했습니다. 한명이 자기 나름대로 공정함에 대해 정리해 말하니 다른 학생들도 그걸 따라 해보거나 자신의 상황에 적용해 말했습니다. 서클로 수업을 하면 학생들이 머릿속에 말할 내용을 그려본다는 점이 좋았습니다. 학생들의 대화가 거듭될수록 점점 다양한 이야기가 나와서 훨씬 만족스럽습니다.

궁금샘

제 학급에도 서클 수업을 적용한다면 모두가 잘 참여할지 좀 걱정스럽습니다. 수업과 상관없는 장난식의 이야기가 나오거나 사춘기 특유의 부정적인 반응도 있을 것 같습니다. 이러한 문제점에 대해 해결책을 생각해보면 재미 위주의 말을 할 때 서클 규칙을 보여줄 수도 있는데 서클이 잘 작동할 때까지 평소에 연습이 더 필요할 것 같습니다. 서클 수업은 학생들이 활발히 생각하며 대화하는 등의 장점이 있는 수업이니 시간이 걸리더라도 인내를 가지고 꾸준히 시도할 필요가 있다고 생각합니다.

창의샘

저는 질문이 가장 중요하다고 생각합니다. 질문을 잘하냐 못하냐에 따라 서클 수업의 질이 결정되는 것 같습니다. 갈등을 일으키거나 다양한 사고를 일으키는 질문을 적시에 하기 위한 준비가 필요할 것 같습니다.

우리샘

저는 기록하는 역할이 있으면 좋겠다고 생각했습니다. 학생들 나름대로 정리한 개념을 흘려보내기 아깝다는 생각이 들었습니다. 그리고 도덕 교과뿐만 아니라 다른 수업에도 적용하면 어떨지 생각했습니다. 국어 교과 토의 수업이나 지역사회 문제해결 같은 사회 수업에 적용해도 좋을 것 같습니다. 또한, 유형을 조금 재구성하면 더욱 다양한 수업에서 집단사고를 불러일으키는 시도를 할 수 있다고 생각합니다.

서클 수업을 이용하면 모든 학생이 동등하게 말할 기회를 가지고 평화로운 배움의 공간에서 주체적인 학습 참여가 가능해집니다. 활발하게 생각하고 대화하며 서로의 의견과 경험을 공유하는 과정에서 학생들은 보다 다양하고 깊은 사고과정을 경험하게 됩니다. 한두 번의 서클 수업으로 깊은 집단사고를 이끌어낸다고 할 수는 없습니다. 수업과 서클을 접목시켜 질문과 대화를 통해 집단사고가 깊어지게 만들어보고자 하는 교사들에게 작은 샘플이 되길 바랍니다.

질문으로 만드는
미술 감상 수업

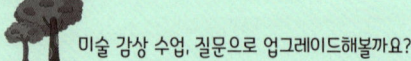

미술 감상 수업, 질문으로 업그레이드해볼까요?

    많은 선생님이 미술 감상 수업에 대해 깊은 고민을 하고 있을 것입니다. 상대적으로 학생들은 표현 영역보다 감상 영역에 대해 흥미와 관심을 덜 가집니다. 작품에서 단순히 보이는 것, 아는 것에 치중해 교사의 질문에 답하거나 '멋있다.', '잘 그렸다.'와 같은 단순한 느낀 점을 이야기합니다. 이것만 가지고는 감상 수업이 잘 이루어질 수 없습니다. 교사와 학생 간의 대화, 학생과 학생 간의 대화, 작품과 학생 간의 대화로 단순히 작품을 '보는 것'에 그치지 않고 '작품과 소통하는 것'으로의 확장이 필요합니다. 대화 중심 감상 수업은 작품을 깊게 이해하게 하고 감상의 즐거움을 높입니다.

    감상 수업에서 풍부한 대화가 일어나게 하려면 좋은 질문이 필요합니다. 작품을 보고 질문을 만드는 활동을 하면 학생들은 질문을 만들기 위해서 작품을 더 자세히 살펴보게 되고 그 과정을 통해 작품을 감상하는 시야를 넓힐 수 있습니다. 또한 질문에 대한 답을 찾아가며 자기 자신 또는 다른 학생과 소통을 하게 됩니다. 학생은 질문과 답을 계속 주고받으면서 작품을 다양하게 해석하고, 각자 다른 경험과 지식에 따라 자기만의 감상을 만들어가게 됩니다. 주체적인 감상자가 되는 것이지요.

학생이 능동적으로 감상에 참여하고 미술 작품의 의미를 스스로 찾아가는, 대화로 생각을 이끄는 미술 감상 수업을 제안합니다.

수업 디자인

학년	5학년	교과	미술
주제	미술 작품을 보고 질문을 만들어 서로의 생각 이야기하기			
수업 흐름	**도입** ① 동기유발 　- '아빠와 딸의 대화' 영상을 보고 질문의 필요성 이해하기 　- 질문을 해서 대화가 잘 된 경험 떠올리기 ② 배움 주제 확인하기 　- 미술 작품을 보고 질문을 만들어 서로의 생각 이야기하기 **전개** ① 미술 작품을 보고 자유롭게 살펴보기 　- 여러 가지 감각을 활용하여 작품 살펴보기 　- 작품을 보고 경험이나 생각 떠올리기 ② 질문 만들기 　- 질문 스토밍 : 최대한 질문 많이 생각해내기 　- 의미 있는 질문 고르기			

수업 흐름	③ 함께 질문 해결하기 　- 의미 있는 질문에 함께 답하기 ④ 작품 속 인물 되어보기 　- 작품 속 인물이 나라고 생각하고 이야기 만들기 　- 이야기 공유하기 **정리** ① 수업에서 얻은 배움 정리하기 　- 작품에 대한 생각이 다른 이유 이야기하기 　- 질문을 만들고 함께 해결할 때 어떤 태도가 필요한지 이야기하기 　- 스스로 감상 활동 평가하기

수업 살펴보기

도입 ❶ 동기유발

아빠와 딸의 대화 영상을 함께 본다. 영상은 딸이 계속 "Why?"라고 질문을 하며 아빠의 대답을 끌어내는 내용이다.

> 교사: 어떤 내용의 영상이었나요?
> A: 아빠와 딸이 식사하다가 딸이 계속 "Why?"라고 질문을 하면 아빠가 대답하는 내용이었습니다.
> B: 딸이 계속 "Why?"라고 해서 아빠가 계속 대답하게 했습니다.

교사 : 아빠와 딸의 대화는 계속 이어졌나요? 질문을 하면 좋은 점은 무엇일까요?
C : 모르는 것을 알 수 있습니다.
D : 대화가 이어지게 하고 원하는 정보를 얻을 수 있습니다.
E : 상대방의 생각을 이해할 수 있습니다.
F : 사이가 좋아집니다. 계속 이야기할 수 있게 만들기 때문입니다.

영상을 보고 학생들은 영상에서 계속해서 "Why?"라는 질문이 반복되고 가늠할 수 없는 이야기가 이어지는 것을 보고 관심을 가지며 재미있어했다. 여기서 재미로만 그치지 않고 교사의 발문을 통해 질문의 중요성에 대해 이야기했다. 그리고 교사는 학생의 일상생활 경험까지 확대하기 위해 질문을 해서 대화가 잘 된 경험을 묻는다.

교사 : 평소에 질문을 해서 대화가 잘 된 경험이 있나요?
A : ○○이가 전학을 왔을 때, 서로 엄청 어색했는데 제가 어느 학교에서 왔는지, 이름은 무엇인지, 왜 전학을 오게 됐는지를 물어봐서 서로 이야기하고 어색한 분위기가 조금 없어진 경험이 있습니다.
B : 집에서 저희 엄마는 항상 학교가 끝나면 저에게 그날 일어난 일에 대해 질문을 많이 하십니다. 엄마가 질문하시면 조금 귀찮아서 대충대충 대답했는데 그래도 어쨌든 엄마랑 대화를 10분 이상은 하는 것 같습니다.
C : 선생님께서 우리에게 끝없이 질문하시면서 수업을 하십니다.
교사 : 아! 우리 수업도 질문을 이용한 대화네요.

학생들은 본인의 경험을 이야기하는 것을 좋아한다. 질문 덕분에 대화가 잘 된 경험을 떠올리며 질문의 중요성에 대해 다시 한번 생각해보도록 한다. 어느 학생이 "선생님께서 우리에게 끝없이 질문하시면서 수업을 하십니다."라고 말한 덕분에 수업도 질문을 이용한 대화이며, 그 대화를 재미있게 잘해보자는 이야기로 수업을 시작하게 되었다.

도입 ❷ 배움주제 확인하기

미술 작품을 감상할 때도 질문이 중요하다고 생각하는지 묻는다.

> 교사 : 그러면 미술 작품을 감상할 때도 질문이 도움이 될까요?
> (많은 아이들이 "네!"라고 즉답을 했다.)
> 왜 그럴까요?
> A : 미술 작품은 좀 어려운데 궁금한 것을 물어보면 다른 친구들이 그 궁금증을 해결해줄 수 있기 때문입니다.
> B : 질문을 만들다 보면 미술 작품을 아무래도 더 자세히 보게 되기 때문입니다.
> C : 미술 작품을 더 잘 이해할 수 있을 것 같기 때문입니다.

미술 작품을 감상할 때도 질문의 중요성을 알아보고, 미술 작품을 보고 질문을 만들어 서로의 생각을 이야기해보자는 배움 주제를 함께 확인한다.

작품1
리비에르의 작품

작품2
리히텐슈타인의 작품

작품2
김경민의 작품

전개 ❶ 미술 작품을 보고 자유롭게 살펴보기

인물을 표현한 작품을 보여주고 자유롭게 살펴보도록 충분한 시간을 준다. 먼저 여러 가지 감각을 활용하여 작품을 살펴보도록 하고, 두 번째는 작품을 보고 경험이나 생각을 떠올리게 한다.

> **TIP** 미술 감상 수업 시 여러 가지 감각을 이용하여 감상하는 방법
> 거의 모든 미술 작품은 보는 것 외의 다른 감각을 이용하는 것은 불가능하다고 할 수 있다. 그러므로 시각 외의 청각, 촉각을 이용한 감상은 작품 속 상황의 제3의 인물이 되었다고 상상하여 감상하는 것을 추천한다.

교사 : 여러 가지 감각을 사용해서 작품을 살펴봅시다. 눈으로 보이는 것, 들릴 것 같은 소리, 만졌을 때의 느낌이 어떨지 등을 생각해보세요.

[작품 1. 리비에르의 작품]
A : 여자아이와 강아지, 계단, 카펫이 보입니다.

B : 한숨 소리와 강아지가 낑낑대는 소리가 들릴 것 같습니다. 여자아이가 뭔가 고민하고 있고 옆에 있는 강아지는 위로해주는 것 같기 때문입니다.

C : 만져보면 강아지 털이 참 부드러울 것 같습니다.

[작품 2. 리히텐슈타인의 작품]

A : 눈물을 흘리지만 웃고 있는 여자가 보입니다.

B : 흐느끼고 있는 소리가 들릴 것 같습니다. 왜냐하면, 여자가 눈물을 흘리고 있기 때문입니다.

C : 저는 웃는 소리가 들릴 것 같습니다. 왜냐하면, 눈물을 흘리고는 있지만 입은 웃고 있어서 너무 웃다가 눈물이 나온 상황 같기 때문입니다.

[작품 3. 김경민의 작품]

A : 자전거를 타고 있는 다섯 명의 가족이 보입니다.

B : 가족들의 웃음소리가 들릴 것 같습니다. 왜냐하면, 오랜만에 자전거를 타서 신난 모습 같기 때문입니다.

C : 만져보면 매끈하고 단단한 느낌이 들 것 같습니다.

교사 : 이번에는 작품을 보며 떠오르는 경험과 생각을 이야기해볼까요?

[작품 1. 리비에르의 작품]

A : 여자아이가 쓸쓸하고 외로워 보입니다.

B : 학교 계단에 앉아 고민하던 저의 모습이 떠올랐습니다.

C : 집에서 동생과 함께 밤늦게까지 부모님을 기다린 기억이 떠올랐습니다.

[작품 2. 리히텐슈타인의 작품]

A : TV를 보다가 너무 웃겨서 눈물이 나온 경험이 떠올랐습니다.

B : 부모님께 혼나서 눈물을 흘린 기억이 떠올랐습니다.

C : 그림 속의 여자가 무슨 일이 있었는지 궁금해졌습니다.

[작품 3. 김경민의 작품]

A : 가족들과 즐겁게 자전거를 탄 경험이 떠올랐습니다.

B : 가족들이 화기애애하고 행복해 보입니다.

C : 저도 가족들과 같이 자전거를 타고 여행 가고 싶다는 생각이 들었습니다.

여러 가지 감각을 사용하여 미술 작품 감상하는 모습

TIP 미술 감상 수업에서 감상 작품 선정 기준

– 학생의 흥미와 관심을 끌고, 쉽게 볼 수 있는가?

– 학생들의 일상생활과 관련이 있는가?

– 학생들이 다양하게 생각할 수 있는가?

TIP

- 이번 차시에 사용할 감상 작품에는 모두 '인물'이 등장한다. 인물이 나오는 작품을 선정한 이유는 인물의 표정과 옷차림, 자세와 분위기 등을 보면서 인물이 처한 상황을 상상할 수 있고 그와 연관 지어 자신의 경험을 떠올릴 수 있기 때문이다.
- 처음 작품을 소개할 때는 학생이 자유롭게 살펴볼 수 있도록 작품의 정보를 최소한만 제공한다. 이 수업의 경우 작가의 이름만 공개하였다.
- 감상 작품 선택 이유

 리비에르의 공감(1878)	영국의 화가인 브리턴 리비에르의 〈공감〉은 교과서에 실린 작품이기도 하고, 학생들이 쉽게 볼 수 있고 개가 등장해서 학생들이 좋아하는 그림이다. 턱을 괴고 있는 소녀의 표정과 개가 기대고 있는 모습을 보고 학생들은 관련 있는 자신의 경험을 떠올리거나 이야기를 상상하기 쉽다. 리비에르의 〈공감〉은 1800년대의 회화 작품이기 때문에 작품의 다양화를 위해 다른 작품들은 현대 미술이나 조소 작품으로 선택하고자 한다.
 로이 리히텐슈타인의 행복한 눈물(1964)	미국의 화가인 로이 리히텐슈타인의 〈행복한 눈물〉은 인물의 표정이 잘 드러난 작품으로 인물의 표정만 보고도 많은 이야기를 상상해 낼 수 있는 작품이다. 이 작품은 패러디가 많이 될 정도로 대중에게 친숙하기도 하다. 현대 팝아트 작품을 선택함으로써 현대 미술에 대해서도 감상할 수 있도록 한다.

 우리나라 작가인 김경민의 〈집으로〉는 교과서에 실린 작품이며, 조소 작품으로 자전거를 타고 있는 사람들을 입체적으로 표현하였다. 우리 주변에서 쉽게 볼 수 있는 자전거를 소재로 하였고, 삶과 연결된 친숙한 모습으로 학생들의 흥미를 유발할 수 있다.

김경민의 집으로(2011)

전개 ❷ 질문 만들기

모둠별로 모여 최대한 질문을 많이 생각해내는 '질문 스토밍' 활동을 한다. 질문을 만들 때는 최대한 많이 만들어서 모둠별로 색이 다른 포스트잇에 적되, 질문에 답을 하지 않고 다른 사람의 질문을 평가하거나 비난하지 않도록 하고 허용적인 분위기에서 다양한 질문을 생각해내도록 한다.

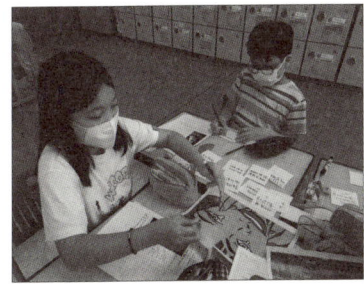
질문 스토밍 활동 중

만든 질문을 칠판에 있는 작품 밑에 붙인다.

만든 질문을 칠판에 있는 작품 밑에 붙인다.   모든 질문이 붙여진 사진

학생들은 무조건 질문만 만드는 활동에서 자유롭게 생각해 최대한 많은 질문을 만들어낸다.

> **TIP**
> - 질문을 만들 때, 질문에 대해 답하거나 평가하지 않고 질문만 하는 이유는 질문 만들기에 대한 부담감과 두려움을 떨치기 위해서이다.
> - 질문을 만들 때 학생들이 어려워하면 몇 가지 키워드를 보여주며 생각을 확장할 수 있다.
>   - 키워드 예시 : 작가, 재료, 표현 방법, 나라면, 바꾼다면, 나의 경험, 느낌 등
> - 질문을 만들다 보면 재미에만 치중한 질문들이 많이 나올 수 있는데, 우리가 질문 만들기를 하는 목적을 상기시키고 단순히 재미에만 치중하지 않도록 지도한다.

칠판에 붙여진 수많은 질문 중에 우리 모둠이 해결하고 싶은 '의미 있는 질문'을 고른다. 서로가 만든 질문을 비교하면서 생각이 다를 수 있다는 것을 직접 경험할 수 있다. 그리고 각 모둠에서 의미 있는 질문으로 고른 이유를 발표하여 공유한다.

우리 모둠이 해결하고 싶은 '의미 있는 질문'을 고르고 있다.

[작품 1. 리비에르의 작품]

1모둠 : 이 작품을 보고 생각나는 낱말은 무엇인가요?

2모둠 : 여자아이와 강아지는 왜 문 앞에 앉아있을까요?

3모둠 : 이 작품의 분위기는 어떤가요?

4모둠 : 이 작품에 제목을 지어준다면?

[작품 2. 리히텐슈타인의 작품]

1모둠 : 여자는 왜 눈물을 흘리면서 웃고 있을까요?

2모둠 : 여자의 기분은 어떤 상태일까요?

3모둠 : 비슷한 경험을 한 적 있나요?

4모둠 : 이 작품에 제목을 지어준다면?

[작품 3. 김경민의 작품]

1모둠 : 이 가족을 보고 무슨 생각이 드나요?

2모둠 : 가족은 왜 자전거를 타고 있을까요?

3모둠 : 왜 남자아이만 뒤를 보고 앉아있을까요?

4모둠 : 이 작품에 제목을 지어준다면?

의미 있는 질문을 고른 이유는 다양했다. 모둠 친구들이 가장 궁금해하는 질문을 골랐다고 한 모둠도 있었고, 다른 친구들의 생각이 가장 궁금해서 이야기를 들어보고 싶다는 이유로 질문을 고르기도 했다고 한다. 또 자기 모둠에서 생각하지 못한 새로운 질문을 의미 있는 질문으로 고르기도 했다. 한 모둠은 모든 작품에 '제목을 지어준다면?'이라는 똑같은 질문을 고르기도 했다. 학생들은 직접 해결할 질문을 고르는 활동에 신중하고도 적극적으로 참여했다.

전개 ❸ 함께 질문 해결하기

모둠에서 고른 의미 있는 질문에 함께 답을 한다. 이때 질문에 대한 답을 하기 위해 정보 검색이 꼭 필요한 경우 스마트폰이나 태블릿으로 검색을 해서 답을 하되, 단순히 작품의 정보를 알아보기보다는 생각을 확장할 수 있게 한다.

모둠에서 고른 '의미 있는 질문'에 대해 이야기하며 답을 찾아가고 있다.

[작품 1. 리비에르의 작품]

{4모둠}

A : 내가 제목을 지어준다면…. 친구?! 소녀는 뭔가 표정이 안 좋은 걸로 봐서 안 좋은 일이 있었던 것 같은데 개는 말을 못 하니까 말 대신 저렇게 기댄 것 아닐까? 둘 사이는 진짜 친구 같아 보여. 완전 편해 보이지 않아?

B : 응, 진짜 편해 보인다. 소녀도 개가 기댄 것이 전혀 아무렇지도 않은 표정이잖아.

C : 나는 개가 기댄 것이 놀아달라는 표현 아닌가? 생각했어. 놀아달라고 하다가 지쳐서 저렇게 기댄 것 같아. 그래서 "놀아줘!"로 지을 거야.

D : 그럼 개가 좀 더 활기 있어야 하는 거 아닐까?

{2모둠}

E : 여자아이는 엄마한테 혼났다거나 뭔가 안 좋은 일이 있는 것 같아. 아니면 누군가를 기다리고 있거나?

F : 옷이 깨끗해 보여서 아마 안에 있다 밖으로 나온 걸 텐데 기분이 좋아 보이지는 않네. 강아지도 좀 우울해 보이는 것 같고.

[작품 2. 리히텐슈타인의 작품]

{3모둠}

G : 이 작품을 보니 내가 5일에 걸쳐 만든 레고 작품이 떠올랐어. 그때 작품을 완성하고 나서 바라봤을 때 감격의 눈물이 나왔었거든. 그때의 나 같아.

{4모둠}

H : 나는 이 작품에는 '우는 거 아니야!'라고 제목을 지어주고 싶어. 여자는 우는 것 같지만 입술은 웃고 있거든. 그래서 주변 사람들에게 우는 거 아니라고 소리칠 것만 같아.'

[작품 3. 김경민의 작품]

{2모둠}

I : 남자아이의 표정이 잘 보이지는 않지만 뭔가 어깨가 축 처진 것 같고 다른 가족들과는 분위기가 좀 달라 보여. 혼자만 뒤를 보고 있는걸 보니 아마 부모님께 혼난 것 아닐까?

{4모둠}

J : 이 작품은 '여행을 가는 가족'이라고 제목을 붙이고 싶어. 지난달에 가족들과 여행 가서 같이 2인 자전거를 탔던 기억이 떠올랐거든.

학생들은 의미 있는 질문에 대해 서로 이야기하고 추가로 질문을 하며 작품을 자신의 경험과 연결 지어 작품 속 상황을 풍부하게 상상했다. 초등학생들은 미술 작품을 감상할 때 작가의 의도 보다 자신의 경험과 연결 짓고 이야기를 상상하는 것을 좋아하는데 그런 모습들이 여실히 보였다. 질문에 답을 하면서 작품을 더 자세히 들여다보고 처음에 발견하지 못한 것들을 이야기하거나 배경에 숨은 뜻이 있을 거라 추측하는 학생도 있었다.

전개 ④ 작품 속 인물 되어보기

함께 이야기한 내용을 바탕으로 한 학생당 한 개의 작품을 골라 작품 속 인물이 되어보는 활동을 한다. 작품 속 인물이 나라고 생각하여 이야기를 만들어 공유한다.

[작품 1. 리비에르의 작품]

A : 어린이날 선물로 부모님께서 닌텐도를 사주셨다. 택배를 시킨 지 벌써 일주일이 지났는데 아직도 택배가 오지 않았다. 배송조회를 해보면 늘 배송중이라고만 하고 택배를 기다리느라 목이 빠질 것 같다. 오늘도 문 앞에서 택배 아저씨를 기다린다. '내 택배는 도대체 언제 오는 걸까?' 기다리는 내 답답하고 초조한 마음을 아는지 우리 집 개 마음이가 나와 함께 기다려준다. 내 마음을 아는 건 마음이 뿐이다.

B : 학교를 갔다 오니 집에 들어가지도 않았는데 문밖에서 아주 시끄러운 소리가 들려서 집에 들어갔더니 엄마와 아빠가 아주 심각하게 싸우고 있었다. 엄마, 아빠가 싸우고 계시니 나의 마음이 되게 복잡하고 당황스러웠다. 부부싸움을 하는 엄마, 아빠가 미웠다. 나는 강아지와 함께 문밖에서 엄마와 아빠가 부부싸움을 멈추기만을 기다렸다. 다음부터는 엄마와 아빠가 부부싸움을 하지 않았으면 좋겠다.

C : 오늘도 난 일하러 간 아빠를 기다리고 있다. 난 지금 문 앞에 앉아 아빠가 저녁밥으로 치킨을 사 오실지 피자를 사 오실지 초밥을 사 오실지 족발을 사 오실지 생각하고 있다. 어제는 치느님을 사 오셨으니까 이번에는 아마도 피자를 사 오시지 않았을까? 아닌가…? 초밥일까? 뭐 아무렴 어때!

난 다~ 좋은걸! 후후후. 아, 엉덩이 아파! 아빠는 언제 오시는 거지? 삐뽀야 너도 배고프지? 걱정마~ 아빠는 금방 오실 거야! 삐뽀 기다려~ 아빠 오시면 같이 밥 먹자!

[작품 2. 리히텐슈타인의 작품]

B : TV를 틀었는데 내가 가장 좋아하는 예능 프로그램이 시작하고 있었다. TV를 보다 보니 정말 웃긴 장면이 수도 없이 나왔다. 배꼽 빠지게 웃고 있는데, 너무 웃다 보니 배가 아프기 시작했다. 웃고 있는데 눈물이 찔끔 나왔다. 엄마는 그런 나를 보시며 "너 웃으면서 울면 엉덩이에 털 난다!"라고 겁을 주셨다.

[작품 3. 김경민의 작품]

C : 나는 오늘 자전거를 타고 가족끼리 나들이를 갔다. 3인용 자전거에 5명이 타야 해서 막내 여동생은 아빠 머리에 타고, 나는 맨 뒤에 혼자 반대 방향을 보고 가야 했다. 나는 이 자리가 불편해서 혼자 고개를 아래로 숙이고 웃지 않고 있다. 나도 자전거 페달을 발로 굴리고 싶다. 하지만 자리가 뒤라서 안 되고 자리가 바뀌더라도 다리가 짧아서 닿지 않을 것이다. 그래서 나는 지금 기운이 없다.

자신의 경험을 바탕으로 이야기를 꾸미거나 상상해서 이야기를 만드는 학생도 있었다. 초등학교 고학년 특성상 총, 싸움, 게임과 같은 이야기가 많이 나오고 다소 잔인한 표현도 나오지만, 상상력을 충분히 발휘한 결과이고 다른 친구들에게 불쾌감을 주지 않는 수준이면 허용한다.

정리 ❶ 수업에서 얻은 배움 정리하기

 수업을 마치며 작품에 대한 생각이 모두 다른 이유를 정리해보고, 질문을 만들고 함께 해결할 때 어떤 태도가 필요했는지 수업을 돌이켜본다. 스스로 감상 활동을 평가하며 수업을 마친다.

> 교사: 한 작품을 볼 때 우리 모두 생각이 다른 이유는 무엇일까요?
> A: 사람마다 경험이나 지식이 다르기 때문입니다.
> B: 사람마다 생각이 다르기 때문입니다.
> 교사: 질문을 만들고 함께 해결할 때 어떤 태도가 필요한가요?
> C: 비난하지 않아야 합니다.
> D: 다른 사람의 생각을 존중해주어야 합니다. 내 생각이 다르더라도 친구가 기분 나쁘지 않게 내 의견을 말해야 합니다.

TIP 감상 활동 스스로 평가하기의 기준

질문을 적극적으로 만들었나요?
의미 있는 질문을 만들었나요?
다른 친구들의 생각을 존중해주었나요?
친구들의 질문에 최선을 다해 대답했나요?

수업 성찰과 나눔

겨울샘

미술 감상 수업은 보통 학생들에게 익숙하지 않을뿐더러 미술 작품을 눈으로 보는 것에만 만족해야 하므로 학생들의 흥미와 관심이 떨어지기 마련입니다. '질문 만들기' 활동을 이용하니 학생들의 눈빛이 반짝이는 것을 경험했습니다. 작품에 대한 다양한 질문을 만들어내려고 하다 보니 학생들은 작품을 더 자세히 관찰하더군요. 그리고 작품에 대한 생각과 느낌, 경험을 자유롭게 공유하며 다른 친구들의 해석을 듣는 과정을 통해 작품에 대한 폭넓은 이해를 끌어냈다고 생각합니다.

창의샘

어느 수업에나 항상 소극적인 학생들이 있는데, 질문 만들기를 할 때 소극적인 학생의 참여를 이끄는 것이 참 어려운 것 같습니다. 그래서 답을 생각하지 않고 무조건 질문을 만드는 것이 부담을 줄여주는 측면에서 좋은 것 같습니다. 질문을 평가하지 않는 것도요. 그런데 너무 막무가내로 상관없는 질문을 만들지 않을까 걱정도 됩니다.

우리샘

저는 원격수업을 할 때 온라인으로 미술 감상 수업을 해본 적이 있습니다. 소극적인 성향의 학생들도 온라인 협업 툴에서는 자기 생각을 적어서 잘 참여하는 것을 느꼈습니다. 패들릿이나 알로 같은 다양한 온라인 협업 툴을 이용하는 것도 좋은 방법이라고 생각합니다. 앞으로 또 어떤 원격수업 상황이 닥칠지 모르니까요.

궁금샘

미술 감상 수업은 단순한 미술 작품 감상을 뛰어넘어 역사와 시대 상황을 보여주기도 하고 사회 문제에 대한 작가의 메시지를 전달하는 역할도 할 수 있습니다. 인종 차별을 이야기하려는 작가의 회화 작품을 본 적이 있는데 작품이 주는 메시지가 강렬하여 기억에 남습니다. 그러한 작품을 가지고 감상 수업을 해보고 싶다는 생각이 듭니다.

"친구들이랑 같이 질문을 만드니까 더 쉽게 질문을 만들 수 있었어요. 평소에 미술 작품 감상은 재미없고 어렵기만 했는데 이번 수업에서는 작품을 더 자세히 들여다보니 작품을 더 잘 알 수 있게 된 것 같아요."

수업을 마친 학생의 소감입니다. 미술 감상 활동에서 질문은 매우 중요한 역할을 합니다. 그리고 혼자 질문을 만드는 것보다 친구들과 함께 질문을 만들면 개인이 생각하지 못한 부분까지 생각의 폭을 넓혀주어 새롭고 의미 있는 질문을 만드는 선순환이 일어나지요. 수동적인 질문에 억지로 답을 찾아내는 감상 수업이 아니라 작품을 보고 질문을 만들면서 작가의 생각이나 감정을 이해하고 자신의 경험과 연결 지으며 사고를 확장할 수 있는 감상 수업을 시도해보길 꼭 권하고 싶습니다. 그리고 더 나아가 자신만의 방법을 더욱 발전시켜 가길 바랍니다.

나와 사진과 이야기

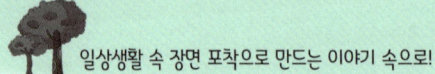

일상생활 속 장면 포착으로 만드는 이야기 속으로!

멋진 카페에 가서 맛있는 디저트가 나오면 가장 먼저 휴대폰을 들고 사진을 찍는 것이 익숙한 풍경이 되었습니다. 어른이나 아이 할 것 없이 우리는 일상생활에서 사진을 많이 찍습니다. 일상을 기록하기 위해서 사진을 찍기도 하고, 자기 생각을 표현하는 수단으로 활용하기도 합니다.

이번 수업에서 사진은 일상의 익숙한 장면을 새롭게 보게 하여 학생들의 생각을 깨우며 대화의 소재로 쓰입니다. 학생들은 사진에 등장하는 인물과 사물의 새로운 관계를 떠올리고 아이디어를 내거나 다르게 생각해보면서 충분한 대화를 나누게 됩니다.

학생들은 글을 쓸 때 글감을 떠올리는 것을 힘들어하는데, 직접 찍은 사진은 자신과 관련 있는 장면이기 때문에 다양한 대화를 불러일으킬 수 있고, 사진의 순서를 바꾸어보거나 인물과 사물을 추가해보는 등의 활동을 통해 글감을 쉽게 떠올릴 수 있습니다. 또 대화를 충분히 하면 말로 하기는 쉬운데 쓰는 것을 유독 어려워하고 싫어하는 학생들도 쓰기에 대한 부담을 덜 수 있습니다. 일상생활에서 포착한 장면에 상상력을 더하고 대화를 바탕으로 이야기를 만드는 수업을 제안합니다.

 **수업 디자인**

학년	5학년	교과	국어, 미술
주제	직접 사진을 찍고 이야기 만들기		

수업 흐름	**도입**
	① 흥미로운 사진을 본 경험 이야기하기
	  - 색다르거나 재미있는 사진을 본 경험 이야기하기
	② 배움 주제 확인하기
	  - 다양한 방법으로 사진 찍기
	  - 찍은 사진을 보고 이야기 만들기(2차시에 공유)
	
	전개
	① 사진 찍는 방법 알아보기
	  - 여러 가지 방법으로 찍은 사진을 보며 사진 찍는 방법과 효과 살펴보기
	② 사진 찍는 방법 익혀 사진 찍기
	  - 사진 찍는 방법 익히기
	  - 모둠별로 사진을 찍고 주제별로 4장씩 총 16장을 골라 학급 SNS에 공유하기
	  〈전개 활동 ③ 전, 각 모둠별로 제출한 사진들을 인화하여 배부할 시간이 필요함〉		

수업 흐름	③ 찍은 사진을 보고 이야기 만들기
	  - 마음에 드는 사진을 고르고 순서 정하기
	  - 각자 자신만의 이야기 만들기
	  - 각자 만든 이야기 모둠원과 공유하기
	  - 사진을 보고 상상력을 발휘해 모둠별로 릴레이 이야기 만들기
	④ 이야기 발표하기
	정리
	① 수업에서 얻은 배움 정리하기
	  - 수업을 통해 알게 된 점, 느낀 점 이야기하기

 전개 ②.활동 후에 각 모둠별로 제출한 사진들을 인쇄할 시간이 필요하므로 전개 ② 와 전개 ③ 사이에 시간적 여유를 두는 것이 좋다.

수업 살펴보기

도입 ❶ 흥미로운 사진을 본 경험 이야기하기

색다르거나 재미있는 사진을 본 경험에 관해 이야기한다. 또는 사진과 관련된 기억에 남는 경험을 이야기해도 좋다. 허용적인 분위기를 만들며 색다른 사진에 대한 다양한 이야기가 나올 수 있도록 하여 사진에 관해 관심을 높인다.

교사: 색다르거나 재미있는 사진을 본 경험이 있나요? 또는 사진과 관련된 경험을 말해도 좋아요.

A: 우리 반 학급 SNS에 OO이가 올린 사진이 재밌었습니다.

B: 과학 시간에 봤는데 우주에서 지구를 찍은 사진이 기억에 남습니다.

C: 친구가 저를 찍어준 동영상을 재생하다가 중간에 캡처했더니 아주 재미있는 사진이 나왔던 것이 기억에 남습니다.

D: 인터넷에서 착시 사진을 본 적이 있습니다. 멀리서 사진을 찍어서 각도를 조정하면 손바닥 위에 사람이 올라가 있는 것처럼 찍을 수 있는데 그런 사진들이 재밌었습니다.

E: 저는 착시 사진을 직접 찍은 적이 있는데요, 친구를 제 손바닥에 올린 것처럼 착시 사진을 찍었던 적이 있는데 재밌었습니다.

F: 지난 주말에 부모님과 집 근처 공원에 놀러 가서 예쁜 꽃이 있길래 사진을 찍었습니다. 그래서 핸드폰 배경 화면으로 해두었는데 볼 때마다 기분이 좋습니다.

학생들은 학급 SNS에 있는 사진을 떠올리기도 하고, 색다른 사진이라고 하니 과학책에서 본 우주 사진을 떠올리기도 했다. 인터넷에서 본 착시 사진에 관한 이야기가 나오자 너도나도 관련된 경험을 이야기하기 시작했다. 자연스레 착시 사진을 찍어본 경험에 대해 공유하게 되었고 많은 학생이 시도해 보았거나 시도해 보고 싶다고 말했다. 또 일상생활의 장면에서 재미있는 장면을 포착한 경험도 나누게 되었고, 드론으로 찍은 사진과 물속에서 찍은 사진 등과 관련된 다양한 경험도 이야기하면서 사진에 관한 관심을 충분히 높일 수 있었다.

도입 ❷ 배움 주제 확인하기

처음부터 사진을 찍어 이야기를 만든다고 하면 자유롭게 사진을 찍기보다 만들 이야기를 먼저 생각하고 사진을 찍게 되는 문제점이 있으므로, 사진을 찍는 차시에서는 '여러 가지 방법으로 재미있는 사진 찍기'라는 배움 주제만 공유하도록 한다.

> **TIP** 이번 수업은 미술+국어 융합 수업으로 사진 찍기를 한 후 찍은 사진을 인화할 시간이 필요하다. 2차시이지만 시차를 두고 수업하는 것이 좋다.
> – 1차시: 사진 찍는 방법을 익혀 사진 찍기
> – 2차시: 인화된 사진을 가지고 이야기 만들기

전개 ❶ 사진 찍는 방법 알아보기

실생활에서 다양한 방법으로 찍은 사진을 보며 사진 찍는 방법과 그 효과에 관해 이야기한다.

> 교사: 어떤 방법으로 찍었는지 살펴봅시다. 어떤 생각이나 느낌이 드나요?
> A: 현미경으로 찍은 꽃가루 사진에서 꽃가루가 꼭 곶감처럼 보여 신기했습니다. 꽃가루를 아주 자세히 들여다보았을 때 이런 모양이라니 다른 것들은 어떤 모양일지 궁금했습니다.

> B : 요즘 TV 예능 프로그램에서 드론을 이용해서 촬영을 많이 하던데 저도 드론으로 사진을 찍어보고 싶습니다. 하늘 위에서 올려다보니 색다른 사진이 되는 것 같습니다.
>
> C : 엑스레이로 물건의 사진을 찍은 것이 특이했습니다. 사람은 엑스레이로 촬영하면 뼈만 나오겠죠? 치과 갔을 때 본 적이 있는데 이것도 미술 작품이 될지 상상도 못 했습니다.
>
> D : 우리가 과학 시간에 쓰는 현미경으로 보는 것도 사진 찍을 수 있나?
>
> E : 나 찍어봤어. 현미경에 핸드폰 렌즈 갖다 대면 찍히던데?
>
> F : 엑스레이 말고 초음파나 MRI 이런 것도 되나?
>
> G : 요즘은 핸드폰 카메라로 많이 찍는데 필름 카메라도 한번 써보고 싶어.
>
> H : 사진이 병원에서도 쓰이고 공항에서도 쓰이고 우리 교과서에도 쓰이고 책에도 쓰이고 많이 쓰이네.

학생들은 다양한 방법으로 찍은 사진을 보면서 어떤 방법으로 찍었을지 생각해 보고 자기 생각과 연결 지어 이야기했다. 그러면서 비슷한 사진을 본 경험이나 TV에서 본 장면을 이야기했다. 사진을 찍을 수 있는 다양한 도구와 사진이 활용되는 여러 분야에 관해서도 이야기 나누었다.

> **TIP** 다양한 방법으로 찍은 사진 선정 예시
> - 현미경으로 찍은 사진(아주 자세히 들여다봤을 때 의외의 모습이 보이는 것, 포털 사이트에 현미경 사진을 검색하면 다양한 사진이 많다.)
> - 엑스레이 등 특이한 방법으로 찍은 사진
> - 우주, 물속 등 특이한 환경에서 찍은 사진
> - 아주 멀리서 바라보는 모습을 찍은 사진(드론으로 찍은 사진)

전개 ❷ 사진 찍는 방법 익혀 사진 찍기

사진을 찍는 여러 가지 방법을 익히고 사진을 찍는다. 빛의 방향에 차이를 두어 순광, 역광, 측광으로 사진을 찍을 수 있고, 사진 찍는 대상인 '피사체'와의 거리 차이를 두어 '줌 인', 또는 '줌 아웃'할 수도 있다. 여러 가지 촬영 방법을 알아보고 이를 익히도록 한다. 학생들은 사진을 찍을 때 핸드폰 기능을 이용해 여러 가지 방법을 시도하며 사진 찍는 방법을 익혔다. 사진을 찍기 전에 설정을 통해 바꾸기도 하지만 밝기를 조정하거나 스티커를 붙이는 등 사진을 찍은 후 보정을 활용하는 학생들도 많았다.

사진 찍는 방법을 익힌 후, 모둠별로 학교의 다양한 장소에서 자유롭게 사진을 찍는다. 찍은 사진 중 사진 주제와 어울리면서도 친구들과 공유하고 싶은 사진 16장(착시 사진 4장, 특정한 동작을 하고 있는 인물 사진 4장, 자연이나 식물 사진 4장, 감정을 표현하는 얼굴 사진 4장)을 골라

학급 SNS에 올리고 다른 모둠이 올린 사진에 댓글을 쓴다.

나무를 미는 듯한 착시 사진을 찍는 중이다

나무를 미는 듯한 착시 사진
(실제로는 멀리 떨어져 있다)

종이에 깔리는 듯한 착시 사진을 찍는 중이다

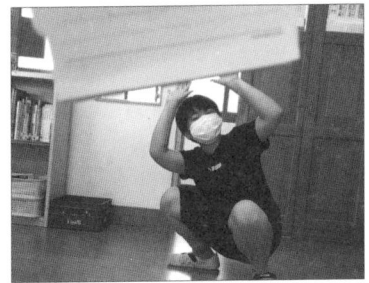

완성된 착시 사진

철봉에 매달린 동작을 하고 있는 인물 사진

일상 풍경

시무룩하게 앉아 있는 인물 사진   힘 없이 걸어가고 있는 인물 사진

> **TIP** 다양한 주제로 사진 찍기
>
> - 사진 찍는 다양한 방법을 익히고 난 뒤에 본격적으로 사진을 찍기 시작하면, 학생들은 주로 착시 사진이나 점프 사진만 찍기 바쁜 경우가 많다. 그러므로 아래처럼 사진의 주제를 몇 가지 정해주는 것도 좋은 방법이다.
> - 사진 주제: 착시 사진, 특정한 동작을 하고 있는 인물 사진, 자연이나 사물 사진, 감정을 표현하는 얼굴 사진 등

수업 시간에 봤던 착시 효과를 활용해 사진을 찍는 학생들이 많았고, 점프하는 순간에 공중에 붕 떠 있는 것처럼 연출하기도 했다. 또 쓰레기를 줍는 사진이나 계단을 걷는 사진 등 일상적인 모습을 카메라에 담기도 했다.

사진을 찍다 보니 어느 모둠은 백 장 이상을 찍게 되었는데, 학생들은 가장 마음에 드는 사진 16장을 골라 학급 SNS에 올리는 과정에서 고민이 깊었다. 사진을 고르는 동안 배꼽을 잡고 웃기도 하고 자기들만의 이

야기에 빠져들었고 올린 사진에도 재미있다는 각양각색의 댓글이 달렸다. 사진을 이용해서 또 다른 수업을 한다고 예고했기 때문에 이후 수업에서 무엇을 할지 학생들의 기대가 높아졌다. 이번 차시 수업은 여기서 마무리하였고, 다음 차시 수업은 사진을 인화한 후에 진행하였다.

전개 ❸ 찍은 사진을 보고 이야기 만들기

지난 시간에 학급 SNS에 올린 사진을 인화하여 모둠에 나눠주자 학생들은 지난 차시의 기억을 떠올린다. 그리고 사진을 보고 모둠별로 이야기를 만들어보자는 배움 주제를 공유한다.

모둠별로 받은 16장의 사진 중 모둠 협의를 통해 마음에 드는 사진 7~8장을 골라 사진의 순서를 정하고 4절지에 붙인다. 이때 사진을 붙일 순서를 정하면서 모둠원끼리 자유롭게 나누는 이야기 자체도 글감을 떠올리는 데 도움이 된다.

16장의 사진 중에서 원하는 사진을 골라 순서를 정하고 있다.

순서를 정해 사진을 붙인 후에는 각자 자신만의 이야기를 활동지에 적어보도록 한다. 모둠원 릴레이 이야기 만들기 활동 전에 각자 자신만의 이야기를 먼저 만드는 이유는 최대한 다양하고 창의적인 생각을 끌어내고 이야깃거리를 풍부하게 하기 위해서이다.

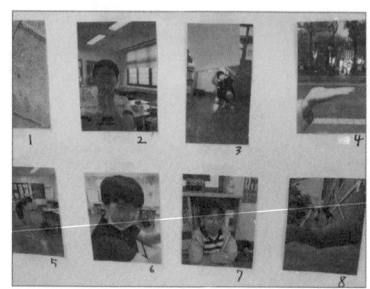 

고른 사진의 순서가 정해졌다.

학생들은 사진을 보고 열심히 고민하며 만들어낸 자신만의 이야기를 모둠에서 공유하며 친구의 이야기에서 새로운 아이디어를 얻기도 했다.

모둠에서 정한 사진의 순서를 보며 각자 자신만의 이야기를 만들고 있다.

자신이 만든 이야기, 친구가 만든 이야기에서 얻은 새로운 아이디어

등을 조합하여 모둠원끼리 협력해 릴레이 이야기를 만들어보도록 하였다. 정해 놓은 사진의 순서대로 모둠원이 돌아가며 이야기의 살을 한 문장씩 덧붙일 때마다 그다음에 이어질 이야기에 관해 풍부한 대화가 펼쳐진다.

모둠원끼리 릴레이 이야기 만들기 활동을 하고 있다.

학생들은 글쓰기를 싫어하는데, 그 이유는 글감을 떠올리는 것을 어려워하기 때문이다. 그런데 글감을 떠올릴 때 지난 시간에 재미있게 찍은 사진을 소재로 하니 학생들의 거부감을 덜 수 있었다. 자신들이 직접 찍고, 등장한 사진을 이용하여 이야기를 만들어낸다는 것 자체를 재미있어 했다. 또한 자기 경험을 바탕으로 현실 세계에서 일어날 수 없는 내용을 상상하는 것을 즐거워했다.

각자의 경험이 다르므로 의견이 잘 모이지 않거나 자기가 원하는 방향으로 이야기가 전개되지 않아 갈등이 벌어지기도 했다. 그래서 하나의 모둠에서 두 개의 이야기가 나오기도 했다. 또 모둠원끼리 릴레이로 이야기를 만들다 보니 이야기가 엉뚱하게 전개되기도 했는데 그것을 더 즐거워했다. 사진을 보며 내용을 떠올리고 새롭게, 다르게 생각하며 자유롭게 대화를 나누고 이를 통해 이야기를 만드는 경험은 학생들의 사고를 자극할 수 있었다.

> **TIP** 이야기 만들 때 안내 사항
> - 폭력적인 이야기, 욕이 들어가는 이야기, 나쁜 결말인 이야기는 쓰지 않기
> - 이야기를 풍성하게 만들기 위해 대화문 넣기
> - 이야기를 만들기 전에 먼저 이야기의 줄거리가 되는 큰 사건과 등장인물의 성격을 설정하기

전개 ❹ 이야기 발표하기

모둠에서 만든 이야기를 발표한다. 이때 배열한 사진을 함께 보여주어 다른 학생들이 사진을 보며 이야기를 들을 수 있도록 한다.

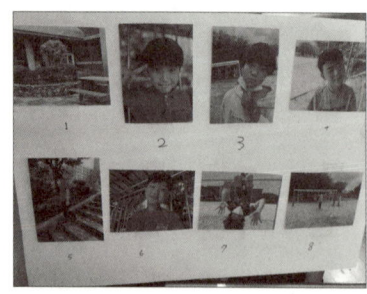 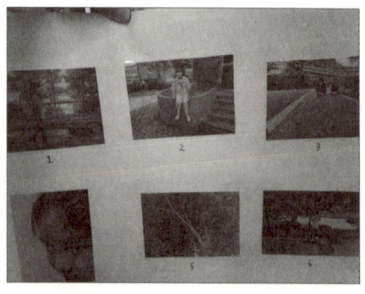

모둠에서 만든 이야기를 발표할 때 위와 같이 각 모둠에서 배열한 사진 모음을 함께 보여준다.

1모둠의 글

〈제목: 사진 대소동〉

등장인물 소개

지후 : 친절하지만 화나면 무서운 동네 바보형

종률 : 자존심은 세지만 힘은 약한 아이

건영 : 눈치 없고 겁이 많다. 상황 파악이 느리다.

원준 : 장난꾸러기, 사고뭉치

평화로운 어느 날, 학교에 있는 분수에서 친구들이 모여 사진을 찍고 놀고 있었습니다. 그러던 중 종률이는 셀카를 찍었습니다. 갑자기 같이 놀던 원준이와 건영이가 종률이의 핸드폰을 뺏고 도망갔습니다. 종률이는 얼른 쫓아가고 싶었지만, 다리 힘이 없어 쫓아가지 못했습니다. 그래서 집에 가려고 했는데 동네 바보형 지후 형이 왔습니다.

"종률아, 뭐하니?"

"핸드폰을 건영이와 원준이가 뺏었어요." 지후는 원준이와 건영이를 훈계하러 갔습니다. 한참을 찾다가 결국 지후는 건영이와 원준이를 찾았습니다. 겁이 많은 건영이는 도망을 갔고, 그 사실을 안 지후는 갑자기 얼굴이 기괴해졌습니다. 원준이는 철봉에 매달려 끝까지 지후형을 놀리며 까불며 도발했습니다. 그리고 축구 골대를 들어 올리려 하며 위협했습니다. 원준이는 겁이 나서 주저앉았습니다. 떨리는 손으로 핸드폰을 돌려주었습니다. 지후는 원준이에게 친구를 괴롭히지 말고 사이좋게 지내야 한다고 교육했습니다. 그 뒤로는 친구들끼리 다시는 싸우지 않고 사이좋게 지냈습니다.

2모둠의 글

〈제목: 은미와 근영이의 모험〉

등장인물 소개

행인(재경) : 착하게 생긴 행인

근영 : 매서운 눈빛이라는 강력한 무기를 가지고 있는 아이

은미 : 겁이 없고 용감한 아이

어느 무더운 여름날, 집에 가려고 걸어가고 있던 은미는 계단 옆에 걸터앉아 고민스러운 표정을 하고 있는 근영이를 만났습니다. 은미는 근영이에게 말했습니다. "근영아, 너 여기서 뭐 하고 있니?" 근영이는 대답했습니다. "사실은 내가 얼마 전에 보물 지도를 발견했는데, 학교 안에 보물이 숨겨져 있나 봐. 그런데 혼자 찾으러 다니면 좀 무서울까 봐 걱정하고 있었어." 은미는 평소 겁이 없는 자신이라면 근영이를 도와줄 수 있을 것 같아서 미소를 지으며 대답했습니다. "근영아! 내가 도와줄게! 내가 같이 가주면 너도 무섭지 않을 거야." 근영이는 은미의 대답에 정말 기뻐했습니다.

둘은 학교 안에 숨겨진 보물을 찾기 위해 열심히 돌아다녔습니다. 그 순간 거인에게 밟히려고 하는 불쌍한 행인을 보았습니다. 불쌍한 행인을 도와주기 위해 근영이는 행인 옆으로 달려갔고, 밟히려는 찰나에 근영이는 매우 매서운 눈빛 레이저를 쏘았습니다. 거인은 근영이의 매서운 눈빛을 받고 겁이 나서 저 멀리 도망가기 시작했습니다. 근영이 덕분에 목숨을 구한 행인은 자신이 보물이 있는 곳을 안다며 알려주었습니다. 근영이와 은미는 행인 덕분에 보물이 묻혀있는 거대한 나무에 도착했습니다. 거대한 나무 밑에서 보물을 찾은 근영이와 은미는 하늘을 나는 나뭇잎도 손에 넣었습니다. 그 뒤로 근영이와 은미는 행복하게 살았답니다.

학생들은 다른 모둠의 발표를 듣고 잘된 점을 덧붙여 주었고, 자기라면 어떻게 만들지 생각해 보기도 하였다.

정리 ❶ 수업에서 얻은 배움 정리하기

여러 가지 방법으로 사진을 찍고, 그 사진으로 이야기를 만드는 활동을 통해 알게 된 점과 느낀 점을 이야기한다.

> A : 평소에 이야기 만들 때 진짜 힘들었는데 사진을 보고 이야기를 만드니까 좀 더 나았습니다.
> B : 친구들이 만든 이야기가 재미있었습니다. 사진을 보고 이야기를 들으니 더 실감이 났습니다.
> C : 우리가 찍은 사진으로 이야기를 만들 줄 상상도 못 했는데 사진을 보고 친구들이랑 이야기하는 것이 재밌었고, 또 해보고 싶습니다.
> D : 직접 찍은 사진으로 이야기를 만든다는 것이 정말 새로운 경험이었습니다.
> E : 모둠원끼리 릴레이로 이야기를 만드니까 별로 어렵지 않았습니다. 말하고 나서 그걸 글로 쓰니 더 쉬운 느낌이었습니다.

학생들은 사진이 글감을 떠올리는 데 도움이 되었다고 했다. 사진 속 인물이 자기 자신이거나 친구들이고 배경도 학교 곳곳이어서 일상생활과 관련된 글감을 쉽고 재미있게 찾을 수 있었다. 친구들과의 대화에서 또 다른 아이디어를 얻고 그것을 글로 만드는 경험을 통해 글쓰기에 대한 두려움을 낮추고 생각을 확장시킬 수 있었다.

 수업 성찰과 나눔

궁금샘

학생들은 직접 찍은 사진을 보고 자유롭게 대화하였습니다. 사진의 순서가 엉뚱하게 조합이 될수록, 재미있는 사진을 고를수록 학생들의 대화는 풍부해졌습니다. 말하는 것은 이토록 자유롭고 쉬운데 막상 글을 쓰려고 하면 두려움에 멈칫하고 괴로워하는 학생들을 돕기 위해서 말하는 내용을 그대로 받아적어 주는 앱을 이용해도 좋을 것 같습니다.

창의샘

평소에 글쓰기만 하면 학생들이 싫다는 듯 한숨을 쉬거나 몸을 배배 꼬는데 직접 찍은 사진이 쓸 거리가 된다는 것이 좋았던 것 같습니다. 사진뿐만 아니라 좋아하는 음악이나 그림, 만화 등으로 쓸 거리를 풍부히 해보고 싶다는 생각이 들었습니다.

겨울샘

일상생활의 장면을 다르게 보고 새롭게 보는 것이 학생들의 사고를 자극할 수 있겠다는 것이 인상 깊었습니다. 다르고 새롭게 생각하려면 교수학습 자료나 방법의 자극이 필요한데 그런 연구를 더 해서 창의성을 길러주는 수업을 하고 싶습니다.

우리샘

국어 수업 중 뒷이야기 이어 쓰기를 하면 그나마 아이들이 글감을 떠올리는 것을 부담스러워하지 않는 것처럼, 학생 개인별 또는 모둠별 수준차가 생겼을 때 이미 있는 이야기의 뒷부분을 꾸며 쓰거나 이야기를 바꾸어 쓰는 것도 좋은 방법일 것 같습니다.

어릴 적 과학상상화를 그릴 때 무엇을 그릴까 머리를 쥐어 뜯은 경험이 떠올랐습니다. 그리고 학생들에게 새로운 것을 생각하고 글로 표현하라고 압박한 순간들이 오버랩되었지요. 교사 연수에 가서 뭔가를 쓰라고 하면 굉장히 답답하고 힘들던 기억도 떠올랐습니다. 학생들은 사진 찍는 것을 좋아합니다. 꼭 자기가 나온 사진이 아니더라도 사진 찍는 것 자체에서 즐거움을 느끼고 별것 아닌 장면에도 큰 의미와 애착을 느낍니다. 또 학생들 본인이 등장하는 이야기를 만드는 것을 좋아합니다.

자신이 찍은 사진의 한 장면이 글감이 되고 '안 어울리는 것'끼리 조합하며 자유롭게 대화하는 것 자체가 글쓰기 수업에 생기를 불어 넣고 학생들의 사고를 말랑말랑하게 해줄 수 있지 않을까요?

---

1) 관계성 강화를 통해 평화로운 공동체를 세우고자 하는 교육 패러다임(박숙영, 2014)

3부

너와 나, 생각 콜라보

- 우리 함께 해결해요!
- 무등산 수달을 구하라!
- 으쌰으쌰! 문해력 함께 끌어올리기

미래학교수업, 생각의 힘 기르기

고도의 과학기술이 뒷받침된 변화무쌍한 사회에서 개인이 혼자 해결할 수 없는 복합적인 문제들이 점점 더 많이 생겨나고 있습니다. 복합적인 문제들은 개인의 범주를 넘어서 상호 의존적으로 변해가고 있습니다. 따라서 미래사회에서는 협력 프로젝트, 사람 간의 상호작용, 원활한 의사소통 등이 더욱 강조될 것입니다. 학교에서는 이러한 변화와 발맞추어 학생들에게 광범위한 경험과 정보를 제공하며, 협력적 상호작용을 교육해야 합니다.

학생들에게 미래의 진로에 필요한 다양한 경험과 전형적인 상호작용적 학습 기회를 제공할 수 있는 방법이 바로 협력학습입니다. 협력학습은 학생들에게 학습 내용과 함께 사고 기술을 강화시켜주며, 광범위한 사회적 상황에 잘 적용할 수 있도록 준비시켜줄 수 있습니다.

백지장도 맞들면 낫다고 하지요? 혼자서 문제를 해결하는 것보다 여러 사람이 협력하면 문제를 더욱 잘 해결할 수 있는 것은 어쩌면 당연한 말입니다. 문제 해결을 위해 머리를 맞대어 의견을 주고받다 보면 서로의 지식과 경험을 나눔으로써 새로운 생각을 불러일으키거나 다르게 생각해볼 수 있게 됩니다. 서로의 장점을 문제해결에 적절히 활용하고 그 과정에서 서로의 장점을 배우기도 합니다. 한 그룹에서 이해도가 높

    은 학생들은 다른 학생들에게 설명하고 도움을 주며 성장하고, 그 반대의 학생들은 어려움을 겪는 부분에 도움을 받아 함께 성장하는 모습도 볼 수 있습니다. 협력하는 방법과 태도는 자연스레 익히게 되지요.

  오래전부터 많은 학자들에 의해 연구되어 온 협력학습은 지금도 많은 교실에서 이루어지고 있습니다. 우리는 협력학습을 통해 학생들의 고차원적 사고를 불러일으키는 방법에 주목하였습니다. '협력적 문제해결' 수업에서는 모둠 친구들과 함께 우리 주변에서 느낀 문제점을 찾아보며, 원인을 분석하고 해결 방법을 탐색하여 결정합니다. '교실에서 만나는 지역문제해결 플랫폼' 수업에서는 학생들이 삶 속에서 문제를 찾고 해결하는 수업을 위해 '무등산 수달을 구하라.'라는 주제를 설정하였습니다. '으쌰으쌰 문해력' 수업에서는 글을 읽고 이해할 때 서로의 경험과 지식을 나누고 견고히 해주는 방법으로 '협력'을 선택했습니다.

우리 함께 해결해요!

우리 주변의 문제를 친구와 함께 해결하며 생각의 힘을 길러요.

    집단지성은 다수가 협동하여 하나의 집합적인 지능을 만들고 그것이 어떤 지능적인 활동과 역할을 수행하는 것을 말합니다. 딜렌보르그와 쉬나이더는 이러한 집단지성이 작동되기 위해서는 협력학습이 필요하고 협력을 위해서 자신의 주장에 대한 정당성을 서로 설명하면서 개인의 지식이 더욱 깊어진다고 하였습니다.

    학생들은 모둠 활동을 통해 집단지성을 경험할 수 있습니다. 문제를 해결하기 위해 문제 상황과 원인을 분석하고, 해결 방법을 탐색하는 과정에서 친구의 생각에 대한 자기의 생각을 이야기합니다. 서로 자기 생각이 맞다고 생각하는 이유를 친구에게 설명하고 설득합니다. 친구에게 설득당하기도 하고 친구의 생각에 자기 생각을 더하거나 전혀 다른 생각을 떠올리기도 합니다.

    이에 이번 수업에서 학생들은 모둠 친구들과 함께 우리 주변(지역, 학교, 학급)에서 문제점을 찾아 원인을 분석하고 해결 방법을 탐색합니다.

이 과정에서 자료를 조사하고 정리하며 분석, 해석할 때 막대그래프를 활용합니다. 통계를 이용하여 문제를 해결하는 경험을 통해 통계적 소양의 유용성과 필요성을 알고 서로 협력하여 문제를 해결할 때 생각의 힘을 기를 수 있음을 느끼도록 합니다.

학년	4학년	교과	사회
주제	우리 주변(지역, 학교, 학급)의 문제 해결하기			

수업 흐름	**도입**
	① 문제 상황 확인하기
	   - 모둠에서 해결할 우리 주변의 문제 이야기하기
	② 배움 주제 확인하기
	   - 우리 주변의 문제 해결하기
	
	전개
	① 문제의 원인 분석하기
	   - 자료 정리하기
	   - 결과 해석하기
	② 문제 해결 방안 탐색하기
	③ 문제 해결 방안 발표하기
	
	정리
	① 배움 공유하기
	   - 수업을 통해 알게 된 점과 느낀 점 공유하기			

TIP 4학년 1학기 국어 8단원에서는 우리 주변에서 해결이 필요한 문제를 찾고 해결 방안을 제안하는 글을 작성한다. 사회 3단원에서는 지역에서 발생하는 여러 가지 문제를 알아보고 민주적인 태도로 해결 방안을 탐색한다. 수학 5단원에서는 막대그래프를 나타내고 해석한다. 국어, 사회, 수학을 통합하고 순서를 재구성하여 지도하면 각 교과에서 강조하는 부분을 연결하여 지도할 수 있다. 그리고 교과에서 배우는 내용이 학생들의 삶과 연결되고 교과를 넘나들면서 교과끼리도 서로 연결되어 있다는 것을 알 수 있다.

〈국어 · 사회 · 수학 통합 교육과정 재구성〉

국어		사회		수학	
단원	8. 이런 제안 어때요	단원	3. 지역의 공공기관과 주민참여	단원	5. 막대그래프
차시	주제	차시	주제	차시	주제
1	제안하는 글 알기 ②	8~9	우리 지역의 문제 ①	2	막대그래프 알기 ④
2~3	문장의 짜임 ③	10	우리 지역의 문제가 발생한 원인 ⑦	3	막대그래프 그리기 ⑤
4~5	제안하는 글을 쓰는 방법 ⑩	11~12	우리 지역의 문제 해결 ⑧	4	막대그래프 해석하기 ⑥
6~7	제안하는 글쓰기 ⑪	13~14	지역 문제 해결 방법과 바람직한 태도 ⑫	5~6	막대그래프 나타내기 ⑨

※ 주제 옆에 제시한 숫자는 통합하여 지도하는 순서 예시입니다.

수업 살펴보기

도입 ❶ 문제 상황 확인

지난 시간에 모둠에서 정한 우리 주변(지역, 학교, 학급)에서 해결하고 싶은 문제를 이야기한다. 다른 모둠 친구들의 생각이 궁금해서 설문 조사를 한 모둠도 있다. 새로운 주제로 바꾸고 싶어 하는 경우 모둠원들과 토의 후 변경할 수 있도록 한다.

> 교사: 모둠에서 정한 우리 주변(지역, 학교, 학급)에서 해결하고 싶은 문제를 이야기해 볼까요?
>
> A: 저희 모둠에서는 층간 소음을 겪는 친구들이 많았습니다. 아파트 층간 소음을 해결하는 방법을 알아보겠습니다.
>
> B: 길에 쓰레기가 많이 버려져 있는 것을 볼 수 있습니다. 쓰레기 문제를 해결하는 방법을 알아보겠습니다.
>
> C: 하교하면서 욕을 사용하는 학생들을 보았습니다. 초등학생이 욕설을 사용하는 문제를 해결하는 방법을 알아보겠습니다.
>
> D: 학교 앞 어린이 보호 구역에서 교통사고가 일어납니다. 학교 주변에서 일어나는 교통사고를 해결하는 방법을 알아보겠습니다.
>
> E: 하교 후에 교실이 더럽습니다. 교실을 깨끗하게 하는 방법을 알아보겠습니다.

도입 ❷ 배움 주제 확인하기

모둠에서 정한 우리 주변의 해결하고 싶은 문제를 통해 오늘 수업의 배움 주제를 확인한다. 학생들의 대답을 수용하여 '우리 주변의 문제 해결하기'로 배움 주제를 정한다. 배움 주제와 크게 다르지 않다면 학생들이 이야기한 배움 주제를 최대한 수용하여 정한다.

전개 ❶ 문제의 원인 분석하기

학생들은 지난 시간에 모둠 친구들과 함께 학급 친구들을 대상으로 설문과 면담을 통해 조사하고 태블릿PC로 신문과 뉴스를 검색하였다. 이 자료를 분석하고 해석하여 문제의 원인을 파악한다.

> A: 층간 소음이 일어나는 이유를 아이들이 뛰는 소리 때문이라고 생각하는 친구들이 많았어.
> B: 가구 끄는 소리, 문을 세게 여닫는 소리 등 다른 이유도 있었어.
> C: 가장 큰 이유는 아이들이 뛰는 소리야. 신문 기사에도 층간 소음의 원인으로 아이들 뛰는 소리가 77%래.
> D: 층간 소음이 없다는 친구들도 있어.
> E: 층간 소음이 있는 집과 무엇이 다르지?
> A: 윗집에 아이들이 없는 거 아닐까?
> 교사: 다른 이유도 있지 않을까요?

B : 아파트가 튼튼하면 층간 소음이 적지 않을까?
C : 혹시 아파트가 튼튼하면 층간 소음이 적게 나는지 검색해 보자.

학급 친구들을 대상으로 한 설문 조사와 신문 기사에서 아이들이 뛰는 소리 때문에 층간 소음이 일어난다는 것을 알았다. 그리고 층간 소음이 없는 이유를 추론한다. 윗집에 아이들이 있는지 조사하면 층간 소음의 첫 번째 원인(아이들이 뛰어다니는 소리)을 정확하게 알 수 있지만, 시간 내에 조사하기 어려울 수 있다. 그래서 다른 원인도 찾을 수 있도록 발문하였다.

A : 학교 주변에서 교통사고가 일어나는 원인을 설문 조사한 결과를 보면 운전자의 과속 11명, 무단횡단 9명, 자동차의 신호 위반이 4명이야.
B : 그럼 운전자의 과속과 아이들의 무단횡단이 중요한 원인이라고 해야 하나?
C : 덤프트럭이 신호 위반을 해서 사고가 났다는 기사도 있어.
D : 그럼 세 가지를 모두 원인으로 하자.
교사 : 다른 지역의 교통사고를 조사했네요. 우리 지역의 교통 사고도 검색해보면 좋겠어요?

학생들이 찾은 교통사고의 원인이 우리 주변에서 일어나는 교통사고의 원인이 맞는지 확인할 수 있도록 우리 지역에서 일어난 사고도 검색하도록 발문하였다. 학생들은 횡단보도를 건너던 엄마와 세 자녀의 교통사고 기사를 보고 사고의 원인 중 하나를 운전자의 신호 위반이라고 결론지었다.

> A : 친구들이 하교하기 전에 청소를 잘했는지를 설문 조사한 결과 잘한다 5명, 보통이 18명이야.
> B : 그럼 교실이 왜 깨끗하지 않지?
> C : 설문 조사에 거짓말로 참여한 거 아닐까?
> 교사 : 그럴 수도 있어요. 하지만 다른 이유도 생각해 보면 좋겠어요.
> D : 청소를 했는데 더러운 걸 수도 있어.
> A : 자기는 청소를 잘했다고 생각하는데 우리가 봤을 때 더러운 걸 수도 있지.
> B : 그것도 원인이라고 할 수 있나?
> C : 대충한 것도 잘못이니까 원인이라고 할 수 있지 않을까?
> D : 난 지난 번에 청소했는데 쓰레기가 날라 와서 다시 더러워진 적도 있어.
> A : 그럼 청소를 대충한 것과 쓰레기가 날린 것 때문이라고 할까?
> B : 쓰레기가 날린 것도 청소를 대충한 친구들이 있어서 그런 거잖아.
> C : 청소를 대충한 것으로 정리하면 되겠다.

하교 후에 교실이 더러운 원인으로 친구들이 청소를 하지 않고 갔을 것이란 예상을 깨고 모든 친구들이 청소를 하고 갔다는 설문조사 결과가 나왔다. 이 모둠은 혼란에 빠졌다. 모둠원 중 한 명이 설문 조사에 솔직하게 참여하지 않았을 수 있다고 이야기했다. 하지만 설문 조사에 솔직하게 참여하지 않은 것을 확인하고 해결 방법을 찾기 어렵기에 다른 원인을 찾을 수 있도록 발문했다. 모둠에서 함께 생각을 모아 이야기를 나누면서 친구들이 청소는 했지만 교실이 더러운 다른 이유를 찾았다.

전개 ❷ 문제 해결 방안 탐색하기

모둠에서 분석한 문제의 원인을 바탕으로 문제를 해결할 수 있는 여러 가지 해결 방안을 이야기한다.

문제의 해결 방안을 탐색하는 모습

> A : 층간 소음을 해결하는 방법에는 무엇이 있을까?
> B : 가장 큰 원인이 아이들이 뛰어다니는 거니까 아이들이 뛰어다니지 않으면 돼.
> C : 특히 늦은 시간에나 이른 시간에는 더 조심해.
> D : 맞아. 그리고 푹신한 슬리퍼를 신으면 소리가 덜 날 것 같아.

> E: 가구 끄는 소리 때문에 생긴 층간 소음도 있으니까 가구 다리에는 소음 방지 쿠션 같은 것을 붙이면 좋을 것 같아.
> A: 소음이 안 나게 아파트를 튼튼하게 잘 지으면 좋겠어.

층간 소음의 원인으로 아이들이 뛰는 소리, 가구 끄는 소리 등이 있었다. 한 학생이 아이들이 뛰어다니지 않으면 된다는 해결 방법을 이야기하자, 다른 학생들이 늦은 시간과 이른 시간에는 더 조심하고 소음을 줄이기 위해 푹신한 슬리퍼를 사용하자는 의견으로 보완하였다.

> A: 학교 주변에서 교통사고가 일어나는 이유로 과속과 신호 위반, 무단횡단 때문인 경우가 많았어.
> B: 과속과 신호 위반을 한 운전자에게 벌금을 많이 내라고 하자. 벌금 내기 싫으니까 과속과 신호 위반을 안 할 거야.
> C: 벌금만 많이 낸다고 해결될까?
> D: 벌금만 내고 안 지키는 사람도 있을 것 같아.
> E: 학교 앞에서 과속과 신호 위반을 하지 말라고 캠페인을 하면 좋을 것 같아.
> A: 옐로 카펫처럼 학교 앞에는 어린이 그림을 그리면 어떨까?
> B: 도로에 그림을 그리기 힘들지 않을까?
> C: 그리기는 힘들어도 어린이 그림을 보면 더 조심할 것 같아.
> D: 무단횡단 때문에 사고가 나기도 하니까 아이들도 조심해야 할 것 같아.

E : 캠페인 할 때 같이 하면 좋지 않을까?
A : 학생들한테는 무단횡단을 하지 말라는, 운전자한테는 과속이랑 신호 위반을 하지 말라는 캠페인을 하자.

운전자의 과속과 신호 위반을 해결하기 위하여 벌금을 많이 부과하는 방법을 이야기하자 벌금만 내고 지키지 않는 사람도 있을 것 같다는 문제점, 학교 앞에 어린이 그림을 그리는 것이 쉽지 않을 것 같다는 문제점 등을 모둠 친구들과 이야기하면서 보완하였다.

A : 친구들이 청소를 대충하는 문제를 어떻게 해결하지?
B : 하교 인사를 하고 청소하지 말고 청소하고 하교 인사를 하면 어떨까?
C : 그럼 너무 늦게 끝나지 않을까?
D : 늦게 끝나면 학원에 늦어. 방과후 학교에 가는 친구들도 있어.
E : 청소를 깨끗하게 안 하면 다음 날에는 청소하고 하교 인사를 하는 건 어때?
A : 일주일에 2-3번 정도 하교 인사를 하고 청소하면 깨끗하게 하지 않을까?
B : 청소를 잘한 친구들이 불공평하다고 느끼지 않을까?
C : 청소를 잘한 친구들에게는 칭찬 점수를 주는 건 어때?

청소하고 하교 인사를 했을 때 늦게 끝나 방과후 교실과 학원에 늦을 수 있다는 문제점을 해결하기 위해 생각을 모은다. 학생들에게는 방과후 교실과 학원에 늦지 않는 것도 중요하기 때문이다. 한 가지 해결 방법의 문제점을 보완하면 다른 문제점이 생기기도 한다. 문제점을 계속해서 보완하다 보면 더 좋은 해결 방법을 찾을 수 있다.

이 외에도 길에 쓰레기가 많은 문제와 초등학생들의 욕설 사용의 원인을 찾고 해결 방법을 이야기한 모둠도 있다. 학생들은 문제의 원인을 찾고 해결하는 과정에서 자기 생각과 친구들의 생각을 더하며 생각의 힘을 키운다.

전개 ❸ 문제 해결 방안 발표하기

모둠에서 정리한 문제의 원인과 해결 방법을 정리하여 학급 친구들에게 발표한다. 발표한 내용 중에서 궁금한 점을 묻고 답한다.

> A: 벌금을 내도 지키지 않는 사람에게는 더 많은 벌금을 내라고 하면 지키지 않을까요?
> B: 돈이 많은 사람은 벌금만 내고 안 지킬 수 있고 벌을 주는 것보다 스스로 지키도록 하는 것이 더 좋다고 생각했습니다.

> A: 왜 친구들이 청소를 대충했다고 생각했나요?
> B: 설문 조사에는 모두 청소를 했다고 응답했는데 교실이 더러웠기 때문입니다.
> C: 솔직하게 설문하지 않았다고 생각할 수도 있지만 확인하기 어렵고 진짜로 청소를 했다면 청소를 대충해서 더러운 것이라고 생각했습니다.

과속과 신호 위반을 하는 운전자에게 벌금을 더 많이 부과하는 방법으로 해결하지 않고 캠페인과 어린이 그림을 사용하여 해결하려고 한 이유를 물었다. 또 교실이 깨끗하지 않은 원인으로 청소를 대충했기 때문이라고 한 이유를 묻자 모둠에서 토의한 내용을 바탕으로 답하였다.

정리 ❶ 수업에서 얻은 배움 공유하기

수업에서 알게 된 점과 느낀 점을 공유하며 수업을 마친다.

> 교사: 수업을 통해 알게 된 점과 느낀 점을 이야기해 볼까요?
> A: 집에서는 뛰어다니지 말고 천천히 다녀야겠다고 생각했습니다.
> B: 신호 위반을 하는 사람과 무단횡단을 하는 사람이 많다는 것을 알게 되었습니다.
> C: 우리 주변의 문제에 관심을 가지고 문제를 해결해야 한다는 것을 알게 되었습니다.
> D: 막대그래프를 사용하니 조사한 자료를 비교하여 원인을 쉽게 찾을 수 있었습니다.
> E: 수학에서 배운 내용을 다른 과목에서도 사용한다는 것을 알게 되었습니다.

이번 수업에서 새롭게 알게 된 점이나 느낀 점, 그리고 친구들과의 대화를 통해 얻게 된 배움에 대해 자유롭게 이야기한다.

TIP 이후 수학 시간에는 조사한 자료를 막대그래프로 나타낸 것을 이용하여 보고서를 작성한다.

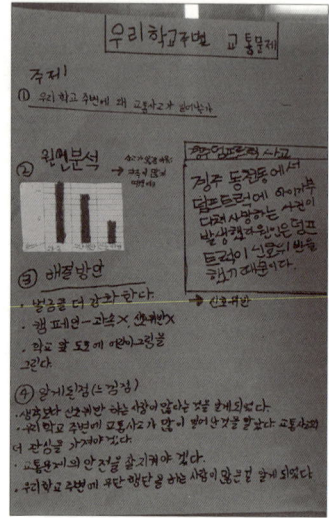 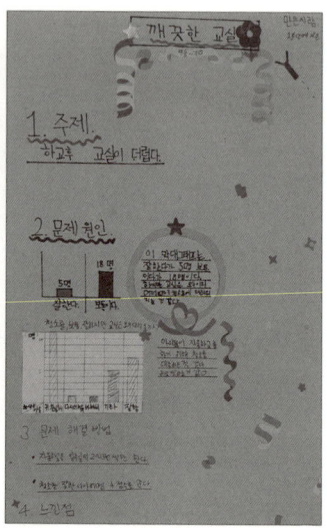

그리고 국어 시간에는 사회 시간에 모둠에서 해결 방법을 찾은 문제에 대해 제안하는 글을 쓰도록 한다.

수업 성찰과 나눔

우리샘

학생들은 모둠에서 문제를 해결할 때 하나의 해결 방법에 대한 문제점을 제기하고 문제점을 해결하기 위해 보완하는 과정에서 협력의 중요성과 집단지성의 힘을 알게 되었습니다. 그리고 수학 시간에 배운 막대그래프를 이용하여 문제의 원인을 분석하고 해석하는 활동을 통해 수학이 우리 삶과 별개의 교과가 아니라 삶과 관련된 교과라는 것을 느꼈을 것입니다.

창의샘

의사결정을 할 때 의견에 대한 장점과 단점을 찾고 단점을 보완하여 가장 좋은 의견을 선택하는 과정이 모둠 활동에서 자연스럽게 나타났습니다. 국어, 수학, 사회 과목을 통합하여 학생들은 과목이 서로 연결되어 있다는 것을 알게 되었을 것 같습니다. 그리고 모든 차시의 내용을 재구성하여 수업하는 것도 좋지만 과목별 차시의 순서를 재구성하면 교육과정 재구성의 부담이 줄어들 것 같습니다.

겨울샘

학생들이 모둠에서 찾은 해결 방법은 대부분 실천하고 있는 방법이지만 모든 문제가 해결되지는 않습니다. 다음 시간에는 실제로 사회에서 문제를 해결하기 위해 노력하고 있는 것과 학생들이 찾은 해결 방법을 비교해 보는 것도 사회 정책에 대한 좋은 배움이 될 것 같습니다.

궁금샘

수학 막대그래프 나타내기와 사회 보고서 만들기, 국어 제안하는 글쓰기로 연결하는 부분이 좋았습니다. 평소에 교사는 삶에서 배움을 찾고 배움을 다시 삶과 연결한다고 하지만 학생들은 배운 내용을 실생활에서 사용하는지에 대해 의문을 가질 때가 많습니다. 하지만 이번 수업에서는 배움이 삶과 연결되고 있다는 느낌을 받을 것 같습니다.

수업이 끝나고 학생들이 왔다. "친구들이 쓰레기를 제대로 버리지 않아서 쓰레기통 주변이 더러워요. 선생님, 쓰레기를 잘 버려달라고 종이에 써서 붙여도 되나요?" "저는 친구들이 쉬는 시간에 뛰지 말라고 쓰고 싶어요." 학생들에게 이번 수업을 통해 배움이 일어났다는 것을 알 수 있었다. 배움이란 말로 표현하는 것보다 행동으로 실천하는 것이 진정한 배움이기 때문이다.

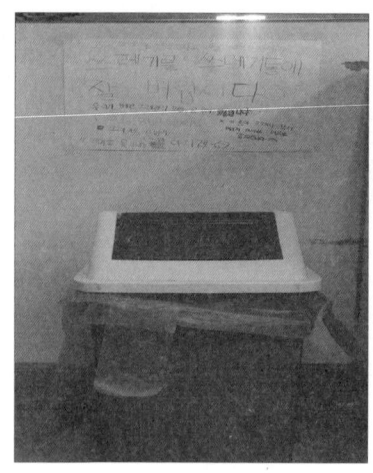

쓰레기를 쓰레기통에 잘 버리자고
제안하는 글

쉬는 시간에 교실에서 뛰면
친구들이 다친다는 글

앞으로도 학생들은 학교와 학급, 우리 생활 주변에서 불편한 점과 문제점을 느끼면 친구들과 함께 문제를 해결해 나갈 수 있을 것이다.

무등산 수달을 구하라!

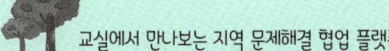

교실에서 만나보는 지역 문제해결 협업 플랫폼

과학 수업을 하면서 수업을 어떻게 바라봐야 할까 항상 고민이 되었습니다. 교육과정에서는 과학 수업을 통해 생활 속에서 다양한 현상과 문제를 과학적으로 접근하여 해결할 수 있도록 과학적 소양을 길러주어야 한다고 제시하였습니다. 하지만 학생들은 과학 수업에서 단순히 과학 지식과 활동에 대한 내용과 방법을 습득하려고 합니다.

이에 교사는 학생 스스로 과학이 우리의 생활과 깊은 관련이 있음을 깨닫고 삶과 연결해서 해석하도록 해야 합니다. 이 과정에서 학생들은 배움의 즐거움을 느끼고 융합적 사고를 키워갈 수 있습니다.

학생들이 삶 속에서 문제를 찾고 해결하는 수업을 위해 지역 문제해결 플랫폼을 이용하여 '무등산 수달을 구하라'라는 주제를 설정하였습니다. 지역 문제해결 플랫폼이란 지역의 다양한 문제를 찾고 해결하기 위해 민간, 지자체, 공공기관 등이 지역 단위의 협업체계를 구성 · 운영하는 협업 플랫폼을 말합니다.

'교실에서 만나보는 지역문제해결 협업 플랫폼' 수업을 통해 학생들의 배움 영역이 확장되어 생각하는 힘이 길러졌으면 합니다.

수업 디자인

학년	6학년	교과	과학
주제	무등산 수달을 구하라!		
수업 흐름	**도입 : 두드리기** ① 배움 주제 확인하기 　- 무등산국립공원 깃대종인 수달과 만나기 　- 수달의 생활모습에 대해 질문 및 짝토론 하기 　- 수달의 개체수의 변화와 예상하기 (무등산국립공원의 생태계 문제점과 관련짓기, 수달을 위해서 어떻게 해야 할지 짝토론 및 질문 만들기) **전개 : 펼치기** ① 수달을 위한 무등산 생태계 문제점 생각하기 　- 무등산국립공원 생태계 복원 계획 필요성 알기 　- 생태계 구성 요소와 연관 짓기 ② 무등산국립공원 생태계 복원에 대한 의견 나누고 정리하기 　- 주제-친구-나와의 만남을 통해 의견 나누기 　- 생물적 요인과 비생물적 환경요인 연결 짓기 　- 생태계 복원 의견 정리하여 붙이기 　- 제안한 의견에 대해 질문 나누기		

수업 흐름

③ 생태계 복원 추가 및 재구성하기
  - 공동사고가 필요한 내용을 정하여 함께 논의해 보기
  - 질문을 통한 내용 연결 짓고 재구성하기
④ 생태계 지속가능성 유지를 위해 과제를 선택하고 이야기하기
⑤ 무등산 생태계 복원 계획 실천 후 변화된 모습 예상하기

정리 : 다지기

① 배움을 통해 추가할 내용과 궁금한 점, 배운 점, 더 탐구하고 싶은 점을 등을 다양한 방법으로 자기 구조화하여 자유롭게 기록하기
  - 성찰 일기 쓰기
  - 성공의 경험으로부터 새로운 도전의식 갖기

학생들은 보통 우리 생활 주변의 동물과 식물이 아닌 밀림이나 아주 넓은 공원과 바다를 생태계라고 생각합니다. 특히 도시지역에 사는 학생들은 생태계를 나의 생활 반경에서 멀리 떨어져 있는 것으로 여깁니다.

따라서 생태계 보전과 복원에 대한 생각은 학생들의 생활과 동떨어질 수밖에 없습니다. 그런데 이러한 현실을 간과하고 제시된 생태계 보전을 위한 캠페인 도구 만들기(현행 과학교과서 내용)는 생활 속에서 실천적인 과학 문제를 이끌어내기가 어렵다고 생각합니다. 그래서 학생들과 함께 단계적으로 실천적 과학문제를 찾아보기로 하였습니다.

1. 나의 생활과 생태계 관계 찾기
2. 과학 기술 발달과 경제성장으로 환경오염과 생태계 파괴 사례를 이해하여 환경 개발과 보전 사이의 균형이 필요한 경우 찾기
3. 나에게 가까운 지역 문제부터 찾아보기

교사는 학생들의 삶과 연결시키기 위한 중간 연결고리를 만들기 위해서 먼저 학생들의 발달단계를 고려한 문제 상황 출발점을 내가 생활하는 지역으로 제한하였습니다.

도입 | 배움 주제 확인하기 : 무등산국립공원 깃대종[1]인 수달과 만나기

학생과 학생, 학생과 교사 간에 허용적인 분위기 속에서 질문하고 편안한 대화를 이어가기 위해서 'ㄷ자' 모양으로 자리를 배치한다. 수업 시작 전에 디딤 영상으로 제시한 무등산에 서식하고 있는 천연기념물인 수달의 영상을 다시 한번 보여준다. 다시 보는 영상임에도 학생들은 깊은 관심을 보인다.

---

1) 깃대종이란, 어느 지역의 대표가 되는 동식물의 종(種)을 뜻한다.

영상 다시 보기   질문 만들기와 짝토론

교사는 오늘의 배움 주제인 무등산 수달이 겪고 있는 어려움과 미래 수달의 개체수 변화에 대해 짝토론으로 이야기해 보고자 한다. 이야기의 주된 내용은 수달의 생활 모습에 대한 질문 만들기와 짝토론을 통해 무등산 수달의 활동에서 생태계에 대한 다양한 정보를 찾는 것이다. 태블릿 PC 또는 스마트폰을 이용하여 무등산 수달과 생태계에 관련된 다양한 정보를 찾아 질문을 만든다.

무등산국립공원의 생태계 문제점과 관련짓기, 수달을 위해서 어떻게 해야 할지에 대한 짝토론 및 질문 만들기 활동이 핵심이라고 할 수 있다. 서로 의견을 나눈 뒤 자신이 궁금하거나 더 알고 싶은 내용은 친구들과 함께 공유하고 이야기 하도록 한다. 교사는 학생들이 생태계를 이루고 있는 생물적 요소와 비생물적 환경 요인의 관련성을 찾는 데 어려움이 있을 것으로 예상하여 다음과 같은 질문을 던진다.

- 무등산국립공원에서 살아가는 천연기념물 수달은 어떤 어려운 점이 있을까?
- 생태계를 구성하고 있는 요소들의 관점에서 생각해 볼까?
- 무엇이 생태계를 이루고 있는 요소를 흔들어놨을까? 이로 인해 무등산의 수달은 어떻게 될까?

이제부터 교사는 본격적인 수업의 대화를 진행하고, 학생들은 짝토론에서 만든 질문에 대한 이야기를 나눈다.

질문 나누기

지역 문제 인식하기

A : 짝과 이야기를 해보았는데, 수달은 빛과 소리에 민감하지만 사람들이 일으키는 소음 때문에 위협을 받고 있다고 하였습니다.

B : 사람들로부터 위협을 받고 있으니까, 나중에는 개체수가 한두 마리도 안 남고 사라질 것이라 생각합니다.

C : 친구들의 말에 이어서 말하자면, 현재 수달은 6-8마리까지 있는데 무분별한 환경개발과 환경오염으로 빛과 소리에 민감한 수달이 먹이를 찾아먹기 힘들어서 수달이 멸종될 수도 있다고 했습니다.

B : 수달이 살 수 없는 환경이 되었다면, 그 환경을 복원하기 위해서 수달이 살 수 있는 편안한 환경을 만들어주었으면 좋겠습니다.

학생들은 수달과의 만남에서 오늘 배워야 할 생태계 복원을 곧바로 연결하는데 다소 무리가 있어 보인다. 하지만 학생들이 자신의 생각을 충분히 표현할 수 있었다는데 의미가 있다. 교사가 배울 내용을 직접 제시해 주는 것보다는 느리더라도 학생들이 스스로 배우는 것이 수업에 대한 몰입도가 높기 때문이다. 또한 지역 문제 해결을 위한 문제를 인식하는 협업단계에서 학생들이 삶과 연결하여 얻는 몰입도는 수업에서 매우 중요하다.

전개 ❶ 수달을 위한 무등산 생태계 문제점 생각하기

본격적인 수업이 진행되는 전개 단계에서는 교사의 좀 더 깊은 참여가 시작된다. 오늘 주제와 학생들의 대화 및 자료를 연결하는 것이 매우 중요하기 때문이다. 교사는 몇 가지 질문으로 학생들이 무등산 생태계의 문제점과 수달이 무등산에 잘 서식하기 위한 해결 방법을 함께 생각하도록 할 수 있다.

> **TIP**
> - 학생들의 수준 높은 사고를 요구하려면 학생들의 사고 과정에서 필요한 다양한 정보로부터 필요한 자료를 찾도록 하는 것이 중요하다.
> - 소집단의 의견 정리를 위해서 자신의 생각을 먼저 발표하며 정리한다. 이런 활동이 생각을 정리하는데 훨씬 논리적이고 체계적인 활동이 될 수 있다.

교사는 학생들이 소집단 활동을 하는 동안 학생들이 정리하는 내용과 어떤 어려움을 겪는지 확인하는 것이 중요하다. 이는 다음 단계를 이끌어 가는 단추가 되기 때문이다. 생태계 복원 계획을 세우는 데 필요한 생물적 요인과 비생물적 환경 요인을 함께 고려하는 부분에서는 학생들의 사고활동이 다소 주춤거린다는 것을 느낄 수 있었다. 이미 알고 있는 생태계 내용을 수달과 연결시키는 이러한 활동이 학생들에게는 낯설기 때문이다.

배움 주제와 연결 짓는 학생들의 어려움 살펴보기

학생들이 발표한 내용을 통해 이를 알 수 있었다.

A : 수달이 겪고 있는 문제점과 우리 인간이 수달에게 피해를 주는 문제점을 함께 연관시켜 알아보자.
B : 수달의 새끼를 키워서 인공적으로 방사하여 수달의 개체수를 확보하자.
C : 무등산의 생태계와 비슷하고 사람의 인적이 드문 곳에 수달을 옮기자.
D : 우선 수달을 동물원에서 기르게 한 다음 무등산에 방사하면 좋겠다.

학생들의 발표 내용이 배움 주제와 점점 멀어질 때 교사는 다음과 같은 역할을 하였다.

TIP
- 학생들의 다양한 사고활동도 좋지만 가치 있는 사고 활동을 하고 있는지 파악하자.
- 교과 성취기준과 교사의 수업 의도와 멀어지고 있다면 학생들의 사고가 본 수업에 수렴적으로 모일 수 있도록 질문 쪼개기를 통해 사고의 방향성을 돌려주자.

또한 교사는 학생들의 발표 내용을 듣고 가벼운 피드백과 질문을 통해 수업의 방향을 돌리려고 한다.

발문 1 : 수달에게는 인간이 먹이를 주는 것도 중요하지만 생태계를 복원하는데 초점을 맞춰서 생각한다면 무엇이 필요할까?
발문 2 : 수달과 생태계의 요소와 관련을 지어볼까?
발문 3 : 오늘 배움 주제와 관련지어서 더 생각해 볼까?

교사의 의도를 파악한 눈치가 빠른 학생들은 바로 반응을 보인다. 갈 길이 멀게 느껴지는 교사에게 정말 단비 같은 발표라고 할 수 있다.

> B : 생태계의 구성요소는 생각해 본다면 수달을 생물적 환경요인과 비생물적 환경요인으로 생각을 해봐야 할 것 같습니다.
> D : 친구들의 이야기를 정리하면, 생물적 환경 요인과 비생물적 환경요인이 서로 상호작용을 합니다. 물론 무등산에 살고 있는 수달에게도…… 그래서 서로 어떤 영향을 주고받는지 좀 더 생각을 해봐야 할 것 같습니다.

전개 ❷ 무등산국립공원 생태계 복원에 대한 의견 나누고 정리하기

배움 주제로 들어갈 때 다소 어려움이 있었지만 학생들의 다양한 생각을 들을 수 있어 만족한다. 조금 더 일찍 학생들이 배움 주제로 몰입할 수 있도록 질문을 정교화하지 못한 것이 아쉬움으로 남는다.

다양한 생각 나누기 활동에서 포스트잇에 생태계 복원을 위한 생물적 환경요인과 비생물적 환경요인을 기록한다. 그리고 교사는 칠판을 양쪽에 생물적 요인과 비생물적 요인으로 나누고 학생들이 기록한 포스트잇 붙일 곳을 안내한다. 포스트잇에 의견을 기록하는 이유는 의견을 수정하거나 범주화시키는데 유용하기 때문이다. 학생들이 개별적으로 정리한 포스트잇을 칠판에 붙이는 동안 칠판 가운데 파란색 도화지를 붙여 논의가 더 필요한 포스트잇을 옮기도록 한다. 학생들이 정리한 내용을 발표하면 끝나는 것이 아니라 의문점이 있는 것을 찾아 쟁점화하고 더 깊이 사고할 수 있는 기회를 제공해 주기 위한 것이다. 그리고 그 내용은 누구나 정할 수 있다. 학생들은 두 파트로 나뉘어 칠판에 붙은 포스트잇을 살펴보고 서로 이야기를 나눈다. 이제 칠판은 교사가 중요한 내용을 적어 주는 곳이 아니라 학생들의 사고 활동이 활발하게 일어나는 곳이 된다. 조용하던 교실이 칠판앞에서 사고의 즐거움을 담은 소란스러움이 시작된다. 또한 서로의 생각을 더 공유하기 위해서 자신의 생각과 조금 다른 것을 찾아 학생들끼리 대화를 나누기 시작한다. 이제는 학생들 위치를 서로 반대로 옮겨서 같은 방법으로 대화를 시작한다. 칠판의 내용을 간단히 구조화하면 다음 그림과 같다.

배움 주제 : 무등산의 수달을 구하라. 〈공부할 문제〉 　　　〈생물적 요인〉	〈비생물적 요인〉 논의가 필요한 내용

생물적 요인과 비생물적 요인에 대한 의견 나누기

학생들이 정리한 포스트잇(Post-it)

이러한 활동의 의의는 무등산 생태계 복원 계획에 필요한 내용을 쓰고 친구들의 다양한 의견을 수렴하며, 비판적 관점에서 질문하고 논의하면서 재설계 과정을 통해 정교화할 수 있다는 것이다. 또한 자신의 의견이 어디에 해당되는지 알 수 있고 학급의 의견을 범주화시키면서 활동 내용을 함께 정리할 수 있다.

전개 ❸ 생태계 복원 추가 및 재구성하기

학생들이 생태계 복원을 위해 추가 및 재구성할 내용에 대해 이야기를 나눈다. 학생들의 사고 활동을 조금 더 확장시키기 위한 전략이라고 할 수 있다. 학생들은 수달에 맞는 환경요인을 제공하는 측면에 집중하여 모둠별 논의 활동을 시작한다. 하지만 생태계 복원 계획과는 거리가 멀다.

생태계 복원 계획 실천 후 변화된 모습 이야기 나누기

교사는 학생들이 수달의 집짓기는 이야기에 집중하는 것을 걱정했다. 학생들의 다양한 사고 활동도 중요하지만 오늘 수업에 대한 가치와 방향성을 고려한다면 이러한 집중된 부분을 다시 재편성할 필요가 있기 때문이다.

교사는 수업의 방향을 돌리기 위해서 학생들이 포스트잇의 내용에 집중할 수 있도록 다음과 같은 추가 발문을 이어간다.

- 무등산 주변의 생태계 훼손과 수달은 어떤 관련이 있을까?
- 이러한 생태계 훼손은 단순히 환경오염으로 생긴 걸까?
- 다른 것들과 관련은 없는지 찾아볼까?

그 이후 학생들의 다양한 사고들이 나왔고 학생들이 정리한 내용은 다음과 같다.

1. 쓰레기 처리와 정화시설 사용을 통한 생물적 요인 강화하기
2. 환경을 파괴하는 행위에 대한 강한 처벌
3. 수달이 편하게 살기 위한 편안한 자연환경 구성
4. 환경단체와 협력해서 환경 캠페인 활동
5. 무등산국립공원 근처의 무분별한 개발 제한하기
6. 수달을 관리하기 위한 국가적 지원(정화시설 구축, 방음장치, 주변 접근 차단)

전개 ❹ 생태계 지속가능성 유지를 위해 과제를 선택하고 이야기하기

모둠에서 정리한 내용 중 하나를 선택하고 실천할 수 있는 내용이 보다 구체화되도록 토의하고 그 내용을 추후 생태계 복원 계획서에 반영하도록 한다. 하지만 학생들이 과학적 근거를 바탕으로 무등산 생태계 복원을 할 수 있는 친환경적인 실천 방법을 구체적으로 제시하는 데는 한계가 있다. 학생들은 거창한 방법과 국가, 지역, 환경 단체의 노력에 초점을 두고 이야기를 했다. 그래서 교사는 다음과 같은 질문으로 학생들이 사고 활동의 방향성을 잡도록 하였다.

- 생태계 복원을 위한 친환경적인 실천 방법에는 어떤 것이 있을까?
- 생태계 복원을 위해 우리가 할 수 있는 일은 무엇일까?
- 생태계 지속가능성을 유지하기 위해서 노력해야 할 점은 어떤 것이 있을까?

전개 ❺ 무등산 생태계 복원 계획 실천 후 변화된 모습 예상하기

학생들은 무등산 생태계 복원 계획을 통해 미래의 생태계 보전이 잘된 모습을 상상하고 생태계 지속가능성 유지를 위한 실천 의지가 강화될 수 있도록 한다. 수질오염해결을 위해 쓰레기 함부로 버리지 않기, 수시로 수달이 살고 있는 지역의 수질 청소하기, 빛과 소리에 민감한 수달을 위해서 무분별한 개발 막기, 어린 수달을 보호할 수 있는 임시 보호시설 마련 등 다양한 의견들이 나왔다.

> A : 앞으로 우리가 샴푸와 같은 오염물질 사용을 줄여야 할 것 같습니다. 그러면 수질이 더 깨끗해지겠죠.
> B : 물속생산자의 숫자가 늘어나고 무등산 생태계가 더 나아질 것이며, 다른 멸종위기 생물들도 무등산에 더 올 것으로 예상됩니다.
> C : 무등산국립공원 생태계가 복원되고 점점 이곳에 사는 식물과 동물의 다양한 개체가 공존하면서 살 수 있을 것 같습니다.

생태계 복원 추가 및 재구성하기

정리 내용 정리 및 새로운 도전의식 갖기

수업의 마지막에 학생들은 모둠활동을 통해 다음 시간에 하게 될 생태계 복원 계획 세우기에 넣어야 할 내용을 정리한다. 그리고 배움을 통해 추가할 내용과 궁금한 점, 배운 점, 느낀 점, 더 탐구하고 싶은 점 등을 다양한 방법으로 자기 구조화하여 자유롭게 기록하도록 한다.

> A: 무등산 깃대종이 수달이라는 걸 알게 되었고 빛과 소리에 민감한 수달이 생태계에서 건강하게 잘 살아갈 수 있도록 생태계 복원 계획을 잘 세워보고 싶습니다.
> B: 생태계가 우리의 노력에 의해서 많이 변화될 수 있으므로 좀 더 관심을 가져야 할 것 같습니다.
> C: 생태계 복원 계획서를 작성하기 위해서 다양한 측면을 생각해야 할 것 같습니다. 우리가 알고 있는 생태계는 생각보다 복잡합니다. 그래서 자세한 계획을 세워야 할 것 같습니다.
> D: 생물은 환경에 적응하며 변화를 하는데 수달은 악조건에서 어떻게 변화와 적응을 하는지 더 알아보고 싶습니다.

학생들은 과학 시간이라고 하면 실험하고 그 결과를 발표하는 것으로만 생각했는데 다른 방식으로 진행이 되는 것에 어려움도 조금 느꼈지만 적극적으로 참여하였다. 생태계 복원 계획을 지역 문제해결과 연결하였고 그 과정에서 친구들의 다양한 이야기를 경청하고 이를 수렴하고 비판적 관점으로 재해석하여 질문하고 논의하는 활동이 생각하는 힘을 기르는 데 도움이 되었다. 또한 이를 통해 실천할 수 있는 다양한 방법까지 제안함으로써 보다 실천적인 과학 수업이 되었다고 생각한다.

수업 성찰과 나눔

겨울샘

지역의 문제를 가지고 이를 수업과 연결하는 것이 의미 있다고 생각합니다. 학생들이 지역의 문제를 심도 있게 사고할 수 있는 기회가 되어서 좋았다고 합니다. 이러한 지역 문제를 사전에 가족과 논의하게 한 후에 수업으로 이끌어 왔다면 조금 다른 수업이 되었을 것 같다는 생각도 해봅니다. 현재 무등산 국립공원과 연계하여 연구하고 있는 내용을 수업에 반영하여 더 실감이 났던 것 같았습니다.

궁금샘

사고를 통해 의미 있는 질문을 만들어 공유하고 그 해결점을 다시 함께 찾아가는 것이 인상적이었습니다. 하지만 수업의 진행 속도를 고려한다면 이런 방식의 수업에 학생들이 익숙해져야 할 것 같습니다.

창의샘

학생들의 다양한 사고를 이끌어내기 위해서 독서교육과 연계했으면 더 풍성한 수업이 되지 않았을까 생각합니다. 기후변화와 생태계 위기와 관련된 책을 선정하고 온책 읽기와 연결된 수업을 해보고 싶습니다.

우리샘

실험 중심의 과학 수업이 아닌 토의와 토론 과정이 담겨서 다소 색다른 수업이 된 것 같습니다. 물론 수업 내용에 따라 다르겠지만 새로운 과학 수업 형태를 제안한 것이 의미 있는 도전이었고 학생들의 활발한 사고활동을 이끌어낸 것 같습니다. 이러한 수업을 위해서는 학생들이 무엇을 고민하고 어떠한 대답을 할지 교사가 충분히 고민해야 하므로 수업 준비에 대한 부담감도 있을 것 같습니다.

오늘날 지구에서 살아가고 있는 우리는 환경에 대한 여러 가지 문제에 대해 걱정과 물음표만 남길 것이 아니라 실천을 통한 답을 해야 할 때를 맞았습니다. 이를 위해서 교실에서는 학생들에게 생물과 생태계, 경제 성장 측면에서 쟁점화되어 가는 환경문제를 협력을 통한 녹색성장을 기반으로 하는 지속가능한 환경-경제-사회문화 관계로 이해할 수 있는 기회를 제공해 주어야 합니다. 학생 스스로 생활과 밀접한 환경에 관한 문제를 바르게 인식하고 학생들의 실천할 수 있는 의지를 심어준다면 학생들은 환경교육에 대한 배움의 즐거움을 발견하고 느낄 수 있을 것입니다. 학생들의 삶 속에서 문제를 찾고 해결하는 지역 문제해결 협업 플랫폼 수업이 환경교육에서 다양한 방법으로 사용되기를 기대해 봅니다.

으쌰으쌰! 문해력 함께 끌어올리기

문해력, 함께라면 더 잘 끌어올릴 수 있습니다.

바야흐로 문해력이 주목받는 시대입니다. '문해력'의 사전적 정의는 '글을 읽고 이해하는 능력'입니다. 교사들은 문해력이 주목받는 이유를 교실에서 쉽게 찾아볼 수 있습니다. 교과서에 나오는 아주 기본적인 낱말과 문장을 이해하지 못해 수학 문제를 풀지 못하는 학생들이 있습니다. 또한 낱말과 문장의 뜻을 설명하는 데 시간이 오래 걸려 핵심 활동을 할 시간이 모자라기도 합니다.

교사들은 저마다의 전략을 가지고 학생들의 문해력 수준을 진단하고 그에 맞는 지도를 꾸준히 실천합니다. 우리는 '글을 읽고 이해한다'라는 것을 단순히 낱말의 뜻을 조합하는 것 이상이라고 생각합니다. 글을 읽을 때 '나의 경험과 지식'을 연결해야 비로소 글을 이해했다고 할 수 있기 때문입니다.

이에 우리는 글을 읽고 이해할 때 서로의 경험과 지식을 나누고 견고히 해주는 방법으로 '협력'을 전략으로 선택했습니다. 이번 수업에서는 단계별 전략을 사용하여 함께 '글을 읽고 요약하기'에 대한 보충·심화 학습을 하고자 합니다.

수업 디자인

학년	5학년	교과	국어
주제	함께 글을 읽고 요약하기		

수업 흐름	**도입**
	① 글을 요약하는 방법 상기하기
	   - 지난 차시에 공부한 글을 요약하는 방법 다시 떠올리기
	② 배움 주제 확인하기
	   - 함께 글을 읽고 요약하기
	전개
	① 함께 글 읽기 전략 소개하기
	   - 333전략(모르는 낱말 3개, 중요한 낱말 3개, 중심 문장 3개 찾고 모둠에서 공유하기)
	② '333전략'을 사용하여 함께 읽고 요약하기
	③ 모둠의 요약 결과 전시 & 공유하기
	   - 포스트잇으로 리플 달기
	정리
	① 우리 모둠 서로 칭찬하기
	   - 함께 글을 읽으며 도움이 된 점 서로 칭찬하기		

🔍 수업 살펴보기

도입 ❶ 글을 요약하는 방법 상기하기

 지난 차시에 글을 요약하면 좋은 점을 알아보고 구조를 생각하며 글을 요약하는 수업을 했다. 지난 차시를 상기하며 글을 요약하는 방법을 떠올린다.

> 교사: 글을 요약하는 방법은 무엇이 있나요?
> A: 중요하지 않은 내용을 지웁니다.
> B: 중심 문장을 찾습니다.
> C: '비교와 대조'나 '열거' 틀을 그려서 정리할 수 있습니다.
> D: 대상을 설명하는 방법이 무엇인지 확인하여 알맞은 틀에 정리할 수 있습니다.
> E: 세부 내용은 대표하는 말로 바꾸어 중심 내용을 정리합니다.

 학생들은 글을 요약하는 방법을 떠올리며 얼른 지난 차시의 교과서 내용을 훑어보기 바쁘다. 곳곳에서 요약하는 것이 어렵고 글의 내용을 이해하는 것도 힘들었다는 반응이 많다. 사실 전 차시에서 그런 분위기를 알아채고 이번 보충·심화 수업을 준비하였기 때문에 어려웠다는 말이 오히려 반갑다.

도입 ❷ 배움 주제 확인하기

지난 시간에 배운 내용을 바탕으로 새로운 전략을 이용해 보자고 설명하며 '함께 글을 읽고 요약하기'라는 배움 주제를 공유한다.

전개 ❶ 함께 글 읽기 전략 소개하기

모둠 당 하나의 글을 함께 읽고 이해하는 데 도움이 될 수 있는 '333전략'을 소개한다. '333전략'이란 각자 글을 읽고 모르는 낱말을 3개 찾고 모둠에서 공유하기, 중요한 낱말을 3개 찾고 모둠에서 공유하기, 중심 문장을 3개 찾고 모둠에서 공유하기이다. 모둠원 4명이 각자 3개씩을 찾으면 각각 모르는 낱말 12개, 중요한 낱말 12개, 중심 문장 12개지만, 공유해 보면 서로 겹치는 부분이 많다. 내 생각과 다른 친구의 생각을 비교하면서 같은 생각을 했다면 나의 논리를 확인할 수 있는 기회로 삼을 수 있고, 다른 생각을 했다면 분석을 통해 내 생각과 통합할 수 있다.

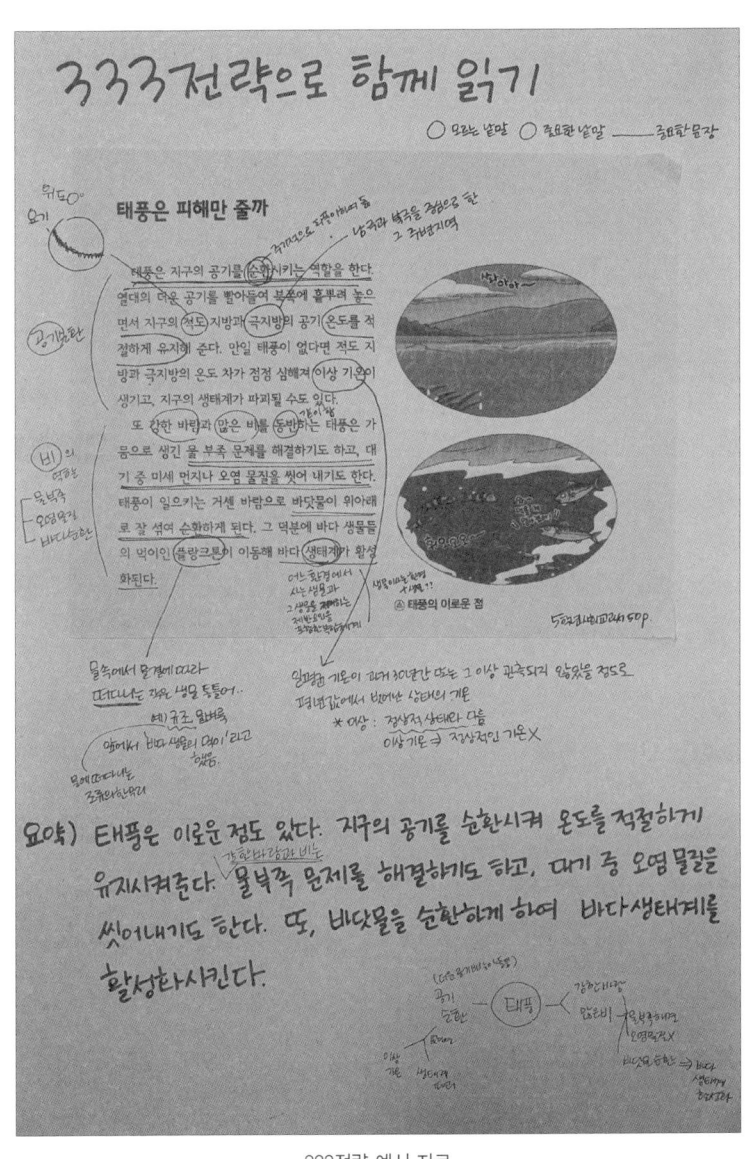

333전략 예시 자료

전개 ❷ **333전략을 사용하여 글을 함께 읽고 요약하기**

모둠에서 함께 읽고 요약할 글을 고른다. 사회, 과학, 체육, 실과 교과서의 한 부분을 정해도 좋고, 교사가 미리 준비한 어린이 잡지를 이용해도 좋다. 교과서나 어린이 잡지를 이용하는 까닭은 학생들이 일상생활에서 쉽게 접할 수 있고 배운 지식을 곧바로 활용할 수 있기 때문이다. 각 모둠에서 고른 글을 복사하여 해당 모둠원들에게 학습지로 주고, 학생들은 자신의 학습지에 모르는 낱말 3개, 중요한 낱말 3개, 중심 문장 3개를 각각 다른 색으로 표시한다.

학생들은 모르는 낱말에 대해 서로 이야기하며 각자 다른 경험과 배경지식을 끌어올 수 있는데, 이는 낱말과 문장, 글을 이해하는 데 도움이 된다. 다음으로 각자 중요하게 생각하는 낱말과 문장을 고른 이유를 설명하고, 함께 글의 핵심 내용을 파악해 요약한다.

333전략을 활용하여 자신의 학습지에 표시하기

333전략을 활용하여 각각 다른 색으로 표시된 학습지

> **TIP** 교과서에서 요약 연습하기 좋은 글을 미리 골라두고 예를 들어 주면 학생들이 요약할 글을 쉽게 선택할 수 있고, 요약하는 법을 익히는 데도 도움이 된다. 어린이 잡지는 각 시도의 도서관 전자잡지를 이용할 수 있다.

> **TIP 333전략 학생 활동 순서**
>
> ❶ 개별 학습지에 모르는 낱말, 중요한 낱말, 중심 문장 표시
> ❷ 모둠별 글(8절 도화지에 붙임)에 모든 모둠원이 모르는 낱말 표시하여 서로 공유
> ❸ 모르는 낱말 사전에서 찾아보고 8절 도화지에 기록하기
> ❹ 모둠별 글에 모둠원이 돌아가며 중요한 낱말, 중심 문장 표시하여 서로 공유
> ❺ 서로 협력하여 대화하며 요약하기
>
> 색깔 볼펜을 미리 준비하도록 하여 각자의 학습지에 모르는 낱말은 검은색으로 동그라미, 중요한 낱말은 빨간색으로 동그라미, 중심 문장은 파란색으로 밑줄을 긋도록 하여 구분하기 쉽게 한다. 각자 학습지에 표시한 것을 다음 활동에서 모둠끼리 공유할 때 8절 도화지에 붙인 글에 다시 한번 표시하도록 한다.

모르는 낱말 모둠 대화

<1모둠> "태풍은 피해만 줄까"[2]

> 태풍은 지구의 공기를 순환시키는 역할을 한다. 열대의 더운 공기를 빨아들여 북쪽에 흩뿌려 놓으면서 지구의 적도 지방과 극지방의 공기 온도를 적절하게 유지해 준다. 만일 태풍이 없다면 적도 지방과 극지방의 온도 차가 점점 심해져 이상 기온이 생기고, 지구의 생태계가 파괴될 수도 있다.
>
> 또 강한 바람과 많은 비를 동반하는 태풍은 가뭄으로 생긴 물 부족 문제를 해결하기도 하고, 대기 중 미세 먼지나 오염 물질을 씻어 내기도 한다. 태풍이 일으키는 거센 바람으로 바닷물이 위아래로 잘 섞여 순환하게 된다. 그 덕분에 바다 생물의 먹이인 플랑크톤이 이동해 바다 생태계가 활성화된다.

A : '대기 중 미세 먼지나 오염 물질을 씻어 내기도 한다.'에서 나는 '대기'라는 말을 잘 모르겠어. 기다린다는 뜻은 아닌 것 같은데 뭘까?

B : 과학 시간에 나오는 말 같은데 비슷한 말로 '공기' 아닐까?

C : '순환'이라는 낱말도 뜻을 잘 모르겠어.

D : 문장을 보니 '태풍은 지구의 공기를 순환시키는 역할을 한다.'로 되어 있는데 낱말 앞뒤를 잘 살펴보면 공기를 어딘가로 보낸다는 뜻 아닐까?

E : 플랑크톤은 뭔지 알아? 난 잘 모르겠는데….

F : 적도 지방과 극지방은 어느 지역을 말하는 것 같은데 솔직히 어디인지 잘 모르겠어.

<2모둠> "온도를 영상으로 보여 주는 열화상 사진기"[3]

열화상 사진기는 물체로부터 나오는 적외선을 감지해 온도에 따라 여러 가지 색깔로 나타내 주는 특수한 사진기입니다. 열화상 사진기로 물체를 촬영하면 온도가 높은 부분은 사진기 화면에 빨간색으로 나타나고, 온도가 낮은 부분은 사진기 화면에 파란색으로 나타납니다.

열화상 사진기를 사용하면 건물에서 단열이 잘 되지 않는 곳을 쉽게 찾을 수 있습니다. 사진기 화면에 노란색과 빨간색으로 보이는 부분은 단열이 되지 않아 건물에서 열이 쉽게 빠져나가는 곳이고, 초록색과 파란색으로 보이는 부분은 열이 쉽게 빠져나가지 않는 곳입니다.

최근에는 로봇, 무인 비행기, 스마트 기기 등에 연결해 사용할 수 있는 열화상 사진기가 개발되고 있습니다. 이렇게 개발된 장치는 다양한 산업 기술에 적용해 활용됩니다.

A : '무인 비행기'라는 낱말이 익숙하지 않아서 이거 뜻을 잘 모르겠는데, 아는 사람?

B : '무인 비행기'는 드론 같은 거 아니야? 사람이 없는 비행기라는 뜻이잖아.

C : 열화상 어디서 많이 들어봤는데? 우리 아침마다 열화상 카메라 통과하라고 하잖아. 그 발열 체크 하는 것인가 봐!

D : 오, 그렇네!

E : 적외선은 많이 들어봤는데 정확한 뜻은 잘 모르겠어.

F : 나 한의원 갔을 때 적외선 치료기 그런 거 본 적 있는데?

<3모둠> "한정된 내 용돈, 합리적으로 관리해요"[4)]

용돈은 자유롭게 쓸 수 있도록 우리에게 주어지는 돈입니다. 하지만 우리가 원하는 것을 모두 사거나 할 수 있을 만큼 용돈이 충분하지 않기 때문에 계획 없이 쓰다 보면 꼭 필요한 곳에 사용하지 못할 수 있습니다.

그러므로 한정된 용돈으로 원하는 것을 얻기 위해서는 계획을 세워 합리적으로 소비해야 합니다. 중요하고 필요한 순서에 따라 우선순위를 정하고, 용돈 사용 계획을 세워 필요한 만큼만 써야 합니다. 이때, 용돈기입장을 작성하면 계획에 따라 용돈을 사용하고 있는지 알 수 있어 합리적으로 용돈을 관리할 수 있습니다.

또한, 우리가 소비하는 물건은 환경과 우리의 안전에 영향을 미칩니다. 따라서 구매, 사용, 폐기의 전 과정에서 환경 오염을 줄이고 안전을 고려하는 소비 생활을 실천해야 합니다.

A : '한정된 용돈'이라는 부분에서 '한정'이라는 낱말의 뜻이 궁금해. 이거 아는 사람 있어?

B : 포O몬 빵처럼 살 수 있는 개수가 정해져 있는 것을 '한정판'이라고 하던데? 다른 사람 생각은 어때?

C : 그러면 '한정'이라는 의미는 뭔가 범위가 정해져 있다는 뜻 아닐까?

D : 합리적이라는 말은 무슨 뜻이지?

E : 계획에 따라 용돈을 사용하고 있는지 알 수 있어 합리적이다고 했으니 막 써버린다는 뜻은 아닌 것 같아.

<4모둠> "미생물을 연구하는 과학자"[5]

지구에 사는 생물 중에서 가장 많은 수를 차지하는 것은 균류, 원생생물, 세균 등입니다. 이러한 생물은 우리 주변뿐만 아니라 극지방, 화산 지대, 깊은 바다, 우주 등 다른 생물이 살기 어려운 환경에서도 삽니다. 지구가 처음 만들어졌을 때에는 생물이 살기에 어려운 환경이었습니다. 하지만 세균과 작은 생물이 나타나기 시작하면서 지구의 환경은 지금과 같이 다양한 생물이 살아갈 수 있게 변화했습니다.

맨눈으로 관찰하기 어려운 작은 크기의 생물을 미생물이라고 합니다. 미생물의 특성을 연구하거나 미생물을 의료나 산업 등 실생활의 여러 분야에 활용하는 방법을 연구하는 사람을 미생물학자라고 합니다.

플레밍은 세균 배양 실험을 하다가 푸른곰팡이에서 나오는 물질이 세균을 자라지 못하게 한다는 것을 발견했습니다. 플레밍은 이 물질을 페니실린이라고 불렀고, 페니실린은 폐렴, 수막염 등의 질병을 치료하는 데 효과가 있었습니다.

파스퇴르는 질병의 원인을 밝히는 연구를 하던 중에 우연히 약한 콜레라균을 주사한 닭은 닭 콜레라에 걸리지 않고 살아남는다는 것을 알았습니다. 파스퇴르는 독성이 약한 세균을 주사하는 실험을 통해 탄저병, 닭 콜레라 등의 예방접종법을 개발했습니다.

우리는 플레밍이나 파스퇴르 같은 미생물학자들의 많은 연구 덕분에 다양한 질병을 예방하고 치료할 수 있게 되었습니다.

> A: 와, 이 글은 어려운 낱말이 정말 많은데? '탄저병'이나 '닭 콜레라'가 뭔지 모르겠어.
> B: 그 낱말의 앞뒤에 보면 '예방접종'이라는 말이 있으니 병 이름인 것 같아.
> C: '세균 배양 실험'에서 '배양'이 무슨 뜻일까? 아는 사람?
> D: 음, 그건 좀 어려운 낱말이다. 사전에서 찾아보자.
> E: 균류, 원생생물 이런 말도 너무 어렵다. 뭔가 생물인 것 같은데 이것도 사전에서 찾아보자.

학생들은 모르는 낱말에 관해 이야기하며 문장의 앞뒤 문맥 속에서 추측하기도 하고 비슷한 말로 대체해 보기도 한다. 사전을 찾아보거나 교사에게 도움을 청하기도 하면서 글의 내용을 파악해 간다.

친구가 잘 모르겠다고 하는 낱말을 자기 경험을 떠올리거나 이미 알고 있는 내용을 활용하여 자기 나름대로 설명하는 모습을 볼 수 있다. 모르는 낱말을 찾아보고 뜻을 이해하고자 이야기하는 것만으로도 꽤 시간이 걸렸다.

---

1) 초등학교 5학년 1학기 사회 교과서 50쪽
2) 초등학교 5학년 1학기 과학 교과서 44쪽
3) 초등학교 5학년 1학기 실과 교과서(천재, 이춘식) 50쪽
4) 초등학교 5학년 1학기 과학 교과서 114~115쪽

TIP 사전을 찾아볼 때는 국어사전이나 인터넷 사전을 활용한다. 인터넷 사전에서는 낱말을 검색하면 검색한 단어만 주로 나오지만, 종이 사전에서는 찾는 과정에서 의도하지 않은 낱말도 우연히 눈에 들어올 수 있다. 한눈에 더 많은 정보를 볼 수 있는 것도 또 다른 장점이다. 인터넷 사전의 경우 표준 발음을 들을 수 있거나 관용구, 속담, 방언, 고유어 등 다양한 조건으로 내용을 검색할 수 있으며 한 낱말에 더 다양한 정보를 담고 있기도 하다. 종이사전이 더 좋은지 인터넷 사전이 더 좋은지에 대해서는 두 사전 모두 장단점이 있으므로 필요에 따라 사용하는 것을 권하며, 두 사전 모두 상황에 맞게 사용할 수 있도록 사용법을 익히는 것이 좋다.

중요한 낱말, 중심 문장 모둠 대화 예시

<1모둠> "태풍은 피해만 줄까"

A : 이 글에서 가장 중요한 낱말은 아무래도 '태풍' 같아. '태풍'이라는 낱말이 가장 많이 나오고 있고, 글의 모든 내용이 '태풍'과 관련되어 있거든.

B : 나랑 비슷한 생각이구나! 그런데 '순환'이라는 말도 중요해 보여. 1문단에서는 공기를 이동시키는 역할에 관한 내용인데 '순환'이 그 내용을 모두 포함하는 것 같아.

C : 이 글에서는 각 문단의 첫 문장들이 중심 문장 같아. 첫 문장의 다음 문장들은 첫 문장을 뒷받침해 주는 내용이라고 생각해.

D : 나도 너의 생각에 동의해. 그래서 중심 문장을 바탕으로 중심 내용을 뽑아보자면 '태풍은 지구의 공기를 순환시키는 역할을 한다. 또 가뭄으로 생긴 물 부족 문제를 해결하기도 하고, 대기 중 미세 먼지나 오염 물질을 씻어 내기도 한다.'라고 정리할 수 있을 것 같아.

<2모둠> "온도를 영상으로 보여 주는 열화상 사진기"

A : '열화상 사진기'라는 낱말이 가장 중요한 것 같아. 왜냐하면 이 글에서 가장 많이 나오는 단어이고, 이 낱말을 중심으로 이야기가 이어지기 때문이야.

B : '열'이라는 낱말도 중요해 보여. '열화상 사진기'의 기능을 잘 설명해 주는 낱말 같아.

C : 각 문단을 보면 첫 문장이 가장 중심 문장 같은데 그 이유는 첫 문장 다음에 나오는 문장들은 첫 문장에 대한 설명처럼 보여. 너희들 생각은 어때?

D : 나도 그렇게 생각해. 간단히 정리해 보면 열화상 사진기는 적외선을 감지하는 기능과 단열이 잘 되지 않는 곳을 쉽게 찾을 수 있는 기능이 있다고 정리할 수 있어.

<3모둠> "한정된 내 용돈, 합리적으로 관리해요"

A : '용돈 기입장'이라는 낱말이 중요해 보여. 이 글의 주제는 '용돈'인데 그것과 가장 관련이 있는 낱말 같아.

B : 이 글은 중심 문장이 참 많은 것 같아. 그래서 이따 요약할 때는 각 문장을 섞어서 중요한 낱말들로 새롭게 문장을 구성해야 할 것 같아.

<4모둠> "미생물을 연구하는 과학자"

A : '생물', '미생물'이라는 낱말이 중요해 보여. 이 글의 대부분이 이 낱말들에 관한 내용이야.

B : 이 글에서 중심 문장은 미생물과 미생물학자에 대해 설명하는 문장이라고 생각해.

C : 내 생각도 그래. 거기에 덧붙여서 각 미생물학자가 발견한 과학적 사실들도 중심 문장인 것 같아.

중요한 낱말을 찾아서 비교해볼 때는 서로 같은 생각이면 좋아하고 다른 생각이면 따지듯 묻는 경향이 있었는데, 이때 서로 중요한 낱말로 생각한 이유에 대해 나눠보기를 권했다. 그러자 학생들은 왜 그 낱말을 중요하다고 생각했는지 타당한 이유를 들어 설명하려고 했고, 자신의 생각과 비교하여 반박하기도 했다. 다른 학생의 설명을 듣고 그것이 맞다고 생각했을 때에는 수용하거나 자신의 생각과 통합해 나가는 것을 볼 수 있었다.

다음으로, 모둠에서 이야기 나눈 내용을 바탕으로 함께 글을 요약하였다. 중요한 낱말과 문장을 찾아 이야기하는 활동에서 글의 핵심 내용을 어느 정도 파악했지만, 여전히 이야기한 것을 글로 표현하는 것은 어려워했다.

1모둠이 333전략을 활용한 요약본

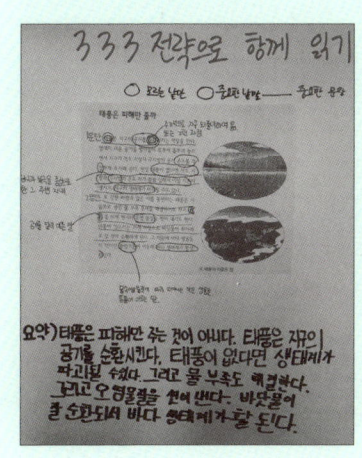

태풍은 피해만 주는 것이 아니다. 태풍은 지구의 공기를 순환시킨다. 태풍이 없다면 생태계가 파괴될 수 있다. 그리고 물 부족도 해결한다. 그리고 오염물질을 씻어낸다. 바닷물이 잘 순환돼서 바다 생태계가 활성화된다.

2모둠이 333전략을 활용한 요약본

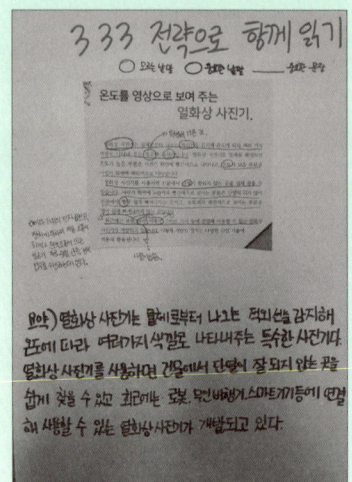

열화상 사진기는 물체로부터 나오는 적외선을 감지해 온도에 따라 여러 가지 색깔로 나타내 주는 특수한 사진기다. 열화상 사진기를 사용하면 건물에서 단열이 잘 되지 않는 곳을 쉽게 찾을 수 있고 최근에는 로봇, 무인 비행기, 스마트기기 등에 연결해 사용할 수 있는 열화상 사진기가 개발되고 있다.

3모둠이 333전략을 활용한 요약본

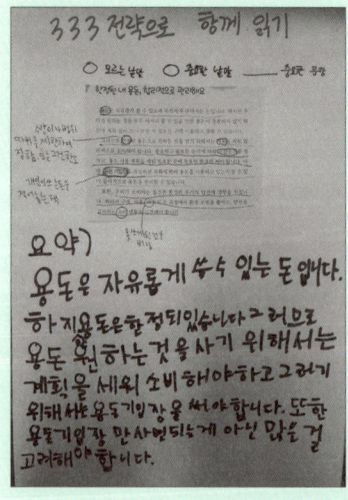

용돈은 자유롭게 쓸 수 있는 돈입니다. 하지만 용돈은 한정되어 있습니다. 그러므로 용돈으로 원하는 것을 사기 위해서는 계획을 세워 소비해야 하고 그러기 위해서는 용돈 기입장을 써야 합니다. 또한 용돈 기입장만 사면 되는 게 아니라 많은 걸 고려해야 합니다.

4모둠이 333전략을 활용한 요약본

지구에 사는 생물 중에서 가장 많은 수를 차지하는 것은 균류, 원생생물, 세균 등입니다. 맨눈으로 관찰하기 어려운 작은 크기의 생물은 미생물이고, 미생물의 특성을 연구하거나 실생활에 활용하는 방법을 연구하는 사람을 미생물 학자라고 합니다. 플레밍은 세균 배양 실험을 하다가 푸른 곰팡이에서 나오는 물질이 세균을 자라지 못하게 한다는 것을 발견했고, 그 물질을 페르셀린이라고 불렀습니다. 파스퇴르는 질병의 원인을 밝히는 연구를 하던 중에 우연히 약한 콜레라균을 주사한 닭은 닭콜레라에서 살아 남는 것을 알았습니다.

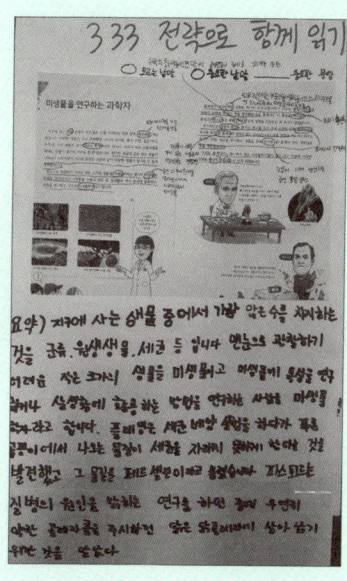

333전략을 활용하여 요약한 모습

> **TIP** 모둠에서 함께 글을 요약할 때는 8절 도화지에 원래의 자료를 붙이고, 각각 색을 달리하여 모르는 낱말, 중요한 낱말, 중심 문장을 다시 한번 표시한다. 모둠에서 이야기한 내용을 한눈에 보기 쉽게 정리하면서 함께 요약할 내용을 떠올리기 위해서이다.

전개 ❸ 모둠의 요약 결과 전시 & 공유하기

모둠별 요약 자료를 만들어 전시하고 공유한다. 다른 모둠이 요약한 글을 살펴볼 때는 먼저 원래의 글을 읽어보고 자기 생각과 비교해보며 '나라면 어떻게 요약했을지'를 생각하며 읽을 수 있도록 시간을 충분히 준다. 그리고 원래의 글과 요약된 글을 비교해 보며 요약이 잘 되었는지 살펴본다.

모둠별 요약 활동지를 보니 모르는 낱말, 중요한 낱말, 중심 문장이 정말 다양하게 표시되어 있었다. 특히 중심 문장의 경우 4명의 학생이 각각 3개의 문장을 밑줄로 표시하다 보니, 어떤 모둠의 경우 글의 대부분이 밑줄 표시된 경우도 있었다. 그런데 놀라운 점은 각자가 생각하는 중요한 낱말, 중심 문장이 꽤나 달랐음에도 불구하고 요약된 결과를 보니 글에서 중요한 부분이 잘 요약정리된 모습을 볼 수 있었다. 서로의 생각은 다소 달랐지만 서로의 경험과 지식을 나누는 '협력'을 통해 글을 잘 이해하고 요약할 수 있었다.

정리 ❶ 우리 모둠 서로 칭찬하기

함께 읽기 과정을 떠올리며 도움을 준 친구를 칭찬하고, 오늘 수업에서 알게 된 점이나 느낀 점을 이야기한다.

칭찬하기

<1모둠>

A : ○○이를 칭찬합니다. ○○이는 제가 모르는 낱말을 쉽게 예를 들어 설명해줘서 사전을 굳이 찾지 않아도 쉽게 이해할 수 있었기 때문입니다.

B : ○○이는 자기 경험을 실감 나게 이야기해주었는데 모르는 낱말을 이해할 때 도움이 되었습니다.

C : 저는 사전을 찾아봤는데 사전에 나온 말도 어려웠습니다. 친구들이 설명해준 말이 더 이해하기 쉬웠던 것 같습니다. 저한테 친절하게 설명해준 ○○이를 칭찬합니다.

<3모둠>

A : 저희 모둠원 전체를 칭찬합니다. 어떤 낱말을 잘 몰랐을 때 나머지 모둠원 3명이 자기가 아는 부분을 조금씩 설명을 덧붙여 주니 쉽게 이해할 수 있었기 때문입니다.

B : 우리가 요약한 것을 글로 정리하는 게 어려웠는데 ○○이가 잘 정리해 줘서 ○○이를 칭찬합니다.

<알게 된 점, 느낀 점>

A : 글을 요약할 때 친구들과 함께 모르는 낱말과 중요한 낱말을 찾아보고 이야기하니 더 재밌고 쉬운 것 같습니다.

B : 다음에도 글의 내용이 이해가 안 되면 친구들과 함께 읽어보고 싶습니다.

C : 333 전략을 앞으로도 또 써보고 싶습니다.

칭찬하기 활동을 통해 배움의 과정을 돌아봤다. 이번 칭찬하기에서는 글을 읽고 이해할 때 도움이 된 작은 순간을 잘 포착하는 것을 볼 수 있었다. 학생들은 앞으로 글을 읽을 때도 친구들과 함께 읽는다면 더 재미있고 쉽게 이해할 수 있겠다고 하였고, 함께 글을 읽는 것에 대한 긍정적인 반응을 보였다.

수업 성찰과 나눔

궁금샘

모둠원끼리 각자의 경험과 배경지식이 다르고 문해력도 차이가 나는 상황에서 서로 '협력' 전략을 통해 성공의 경험을 맛보았습니다. 혼자 요약하는 활동을 했다면 다소 어려워했을 만한 학생들도 서로 생각을 더하고 지식을 나누는 협력 활동을 통해 보다 쉽게 목표지점에 도달할 수 있었습니다. 이번 수업의 협력을 통한 경험이 앞으로 더 자신감 있게 학습하는 데 도움이 되면 좋겠습니다.

창의샘

오히려 모둠 학생들 간 경험과 배경지식의 차이가 클수록 더 재미있고 다양한 이야기가 오갈 수 있겠는데요? 다양성과 복잡성이 증가하는 미래사회에 학생들은 서로 협력하는 태도가 꼭 필요할 텐데, 마지막에 함께 협력한 친구들을 칭찬하며 정리하는 점이 그러한 태도를 길러줄 수 있을 것 같아 인상 깊었습니다.

우리샘

저는 오히려 모르는 낱말, 중요한 낱말, 중심 문장을 3개씩 찾는 것에 너무 집중되어 형식적인 것에만 치우칠까 걱정이 되기도 합니다. 함께 글을 읽는 것은 좋은데 어떤 것이 좋은 방법일지 생각해보게 되었습니다.

겨울샘: 저는 협력하여 읽기 전략이 설명하는 글을 읽을 때도 좋지만, 온책 읽기와 같이 문학 작품을 함께 읽으며 생각을 나누는 활동에도 좋을 것 같다고 생각합니다. 온책 읽기를 할 때 감상을 나누고 싶은데 글을 잘 이해하지 못해서 진도를 나가기 쉽지 않거든요.

학생들은 교사가 생각하는 것보다 글을 읽고 요약하는 활동을 훨씬 더 싫어합니다. 글을 읽고 요약하는 것에 대한 심적 부담감이 크기 때문입니다. 학생 간 개인차도 큽니다. 이 수업에서는 배경지식과 경험치가 다른 것에 주목하여 함께 읽고 요약하는 경험을 통해 모든 학생들이 성공을 경험하도록 하였습니다. 학생들은 협력학습 과정에서 끊임없이 상호 피드백을 하면서 서로 협력하는 것이 도움이 되고 즐거운 것임을 경험하였습니다. 학생들이 협력하는 경험을 한 이후에 읽기에 대한 부담감과 거부감 대신 함께하는 즐거움을 떠올리게 되길 기대합니다.

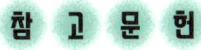

네이버 지식백과

임윤서, 융합인재 양성을 위한 집단지성기반 협력학습 콘텐츠 연구, 2014

경기도교육청, 창의적인 수업! 학생, 교사, 학교에 물들다, 경기도교육청 장학자료, 2015-2, 2015

김성준 외, 교과교육에서 창의성의 이론과 실제, 서울, 학지사, 2010

문병찬, 이경학 외, 초등과학 수업에서 통합적 사고 학습을 위한 R.G.B 기법 개발 및 적용, 한국초등과학교육학회, 32(1), 10~21, 2013

삶과 연결 짓는 배움

- 네가 모르는 플라스틱 이야기
- 우리 학교 화장실 내가 만들었다.
- 오리엔티어링과 제안하는 글쓰기

미래학교수업,
생각의 힘 기르기

  교사에게 수업의 출발점은 학생입니다. 학생이 배움의 주체이기 때문입니다. 교실에서 학생은 교사와 지식으로 연결되어 상호작용하고 상호작용이 활발하게 일어날수록 학생에게 의미 있는 배움이 일어납니다. 학생들은 지금 삶에서 필요한 배움, 삶과 관련된 배움에 의미를 둡니다. 그래서 의미 있는 배움은 학생들의 삶과 분리하여 생각할 수 없습니다. 삶에 필요한 것을 배우고 수업에서 배운 내용은 삶으로 다시 되돌릴 수 있어야 합니다.

  학생과 교사를 연결하는 지식도 중요합니다. 지식은 교사와 학생을 연결하고 배움의 대상이 됩니다. 학생이 지금 살아가는 삶과 미래 사회를 살아가는 데 필요한 것일 때 의미를 갖습니다. 아무리 가치 있는 지식이라도 학생들이 의미를 두지 않는다면 배움은 일어나기 어렵습니다. 또한 학생들이 좋아하고 즐거워하는 것일지라도 현재와 미래를 살아가는 데 아무 도움이 되지 않는 가치 없는 지식은 배움의 대상으로써 온전한 의미를 지니기 어렵습니다. 배움의 대상으로써 의미 있는 지식은 현재 그리고 미래 사회를 살아가는 데 필요한 가치 있는 지식으로 학생 삶과 관련되어야 합니다.

  삶과 연결 짓는 배움을 위한 첫 번째 수업은 학생을 수업의 출발점으로 두고 디자인한 수업입니다. 학생들의 삶과 연계된 수업으로 학생들의 삶 속에서 플라스틱의 문제점을 찾고 마을교육공동체와 함께 플라스틱을 재활용한 에코 행잉 플랜트를 제작합니다. 완성한 에코 행잉 플랜트는 지역 도

서관에 기부하고 플라스틱 사용 자제에 대해 제안하는 글을 작성한 후 실천 과제를 정합니다.

두 번째 수업은 학생에게 의미 있는 배움을 위해 학생에게 필요하고 관련된 배움이 일어나게 하는 수업입니다. 학교 화장실의 문제점을 이야기하고 문제를 해결하기 위해 화장실의 타일을 선대칭도형으로 꾸밉니다. 수학을 자신과 관련이 없고 필요하지 않은 교과로 생각하는 학생에게 수학에서의 배움이 의미 있는 배움으로 느끼게 합니다.

세 번째 수업은 일상생활 속 장면에서의 문제 인식과 비판적 관찰을 통해 학생에게 배움이 일어나도록 하는 수업입니다. 오리엔티어링 활동으로 학교 곳곳을 돌아다니며 학교에서 문제점을 찾습니다. 모둠 토의 활동을 통해 해결 방법을 찾고 제안하는 글을 작성합니다.

수업 과정에서 교사는 학생들에게 의미 있는 배움이 일어나도록 배움을 디자인하고, 배움이 일어나는 지점에서 생각을 자극합니다. 학생과 지식을 연결하고 학생과 학생, 교사와 학생의 상호작용이 활발하게 일어나도록 합니다. 학생들에게 의미 있는 배움이 일어나면 수업에 대한 교사의 만족도도 높아집니다.

네가 모르는 플라스틱 이야기

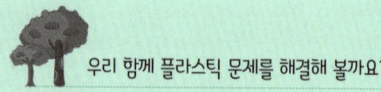

우리 함께 플라스틱 문제를 해결해 볼까요?

    플라스틱은 생산에서 폐기과정까지 탄소를 배출하기 때문에 기후위기에 영향을 줍니다. 생활의 편리함과 위생, 경제성 등의 이점으로 꾸준히 플라스틱 사용이 증가되고 있으나 현재 인류가 만든 플라스틱 중 자연스럽게 썩어 분해되는 건 하나도 없다고 합니다. 단지 작은 플라스틱 조각으로 부서지고 쪼개져 미세 플라스틱이 될 뿐입니다. 이는 대기와 바닷속으로 이동해 다시 사람에게 돌아옵니다. 심지어 플라스틱을 전혀 사용하지 않은 북극해 빙하와 남극해에서도 버려진 플라스틱이 발견되고 있습니다. 이렇게 재활용되지 못한 플라스틱이 환경과 생태계를 파괴하면서 세계의 골칫거리가 되었습니다.

    이 수업은 학생들의 삶 속에서 플라스틱의 문제점을 찾고 이를 해결하기 위한 미래형 융합교육(STEAM) 수업으로 디자인하였습니다. 미래형 융합교육(STEAM)은 다양한 분야의 융합적 내용을 융합적 설계 및 문제 해결과 자기주도 및 성찰로 과학기술과 관련된 다양한 분야의 내용을 융합하여 창의적이고 종합적으로 문제를 해결합니다. 플라스틱 문제점을 해결하기 위해서 STEAM(융합교육) 수업을 구성한 이유는 미래사회의 구성원인 학생이 자신의 삶과 연계한 실생활에서 문제해결력을 높이고 자기주도적·협력적 탐구를 실천함으로써 과학기술과 관련된 다양한 분야의 내용을 융합하여 창의적이고 종합적으로 문제를 해결하게 하는 것인데 수업의 주제와 잘 연결이 되었기 때문입니다.

STEAM 수업을 위해 국어, 미술, 과학 6시간을 재구성하였고 내용의 주요 내용은 교사와 온작품읽기, 마을교육공동체와 협력하여 에코 행잉 플랜트 제작 및 지역도서관 기부활동과 연계, 플라스틱 문제 해결을 위한 제안하는 글쓰기, 플라스틱-Free 실천과제를 정하여 실천하기로 구성하여 진행합니다.

수업 디자인

학년	4학년	교과	국어, 미술, 과학, 창체
주제	우리 함께 플라스틱 문제를 해결해 볼까?		

수업 흐름	[상황 관련 문제 정의]
	① 플라스틱 너는 누구니?
	  - 내가 사용하는 플라스틱에 대해 알아보기
	  - 그림책 '플라스틱 섬' 온작품읽기		

수업 흐름	- '플라스틱 섬' 내용 정리하기 - '해양 플라스틱 쓰레기 지대 탐사', '미세 플라스틱의 습격' 영상 자료 시청 ② 배움주제 확인하기 - '우리 함께 플라스틱 문제를 해결해 볼까?' - 자기문제화 하기 [융합적 설계 및 문제 해결] ① 플라스틱 문제점 더 알아보기 - 다양한 정보를 이용한 플라스틱 심각성 알아보기 - 플라스틱의 문제점 정리하기 ② 마을교육공동체와 함께 플라스틱을 재활용한 에코 행잉 플랜트 제작 - 에코 행잉 플랜트에 대해 알아보기 - 플라스틱을 재활용한 에코 행잉 플랜트 제작하기 - 행잉 플랜트 이름 정하여 다짐하기 ③ 지역도서관에 에코 행잉 플랜트 기부하기 - 지역도서관에 기부하기 - 행잉 플랜트 관리 약속하기 [자기주도 및 성찰] ① 플라스틱 문제 해결을 위한 제안하는 글쓰기 및 발표 ② 플라스틱-Free 실천 과제 5가지 정하기 - 오늘 수업에서 느낀 점과 아쉬운 점 나누기

 수업 살펴보기

[상황 관련 문제 정의] ① 플라스틱 너는 누구니?

플라스틱의 문제점을 알아보기 위해서 STEAM 수업 일주일 전에 지역 도서관에서 환경 또는 플라스틱과 관련 책을 대여하여 읽을 것을 안내했다. 교사는 본격적인 STEAM 수업을 알리는 배움 주제에 대해 이야기한다.

> "오늘과 내일 이틀 동안 플라스틱 문제와 관련된 수업을 하려고 합니다. 저번 주에 안내한 환경과 플라스틱 관련 도서를 대여하여 읽어보았나요? 오늘은 플라스틱에 대해 알아보는 시간입니다. 여러분이 사용하는 플라스틱에는 어떤 것이 있는지 알아보겠습니다. 먼저 선생님이 준비한 '플라스틱 섬' 온작품읽기, '해양 플라스틱 쓰레기 지대 탐사', '미세 플라스틱의 습격' 영상 자료를 보도록 하겠습니다. 그리고 태블릿 PC를 이용하여 플라스틱 문제점을 정리한 뒤 친구들의 이야기를 들어보겠습니다."

배움 주제와 활동 내용을 간략히 알려주고 질문을 받고 수업을 이어간다. 학생 대부분은 자신이 사용하는 플라스틱을 잘 알고 있어서 교사의 발문을 어려워하지는 않았다.

> 교사: 여러분이 사용하는 플라스틱에는 어떤 것이 있는지 찾아볼까요?
> A: 제가 입고 있는 옷도 플라스틱이라고 합니다.
> B: 생수가 들어있는 페트병의 물을 얼려 매일 사용하고 있습니다.
> C: 내가 사용하는 학용품 중에 필통, 볼펜, 자, 가위가 플라스틱으로 만들어졌습니다.
> D: 엄마가 간식을 담아주실 때 비닐팩이 있습니다.
> E: 매일 먹는 요구르트병이 플라스틱입니다.

교사는 실물화상기를 이용하여 그림책 '플라스틱 섬'을 학생들에게 읽어 준다. 그림책은 교육과정과 STEAM 수업에서 상황 관련 문제 정의에 쉽게 접근할 수 있게 한다. 그림과 함께 천천히 읽다 보면 학생들은 글과 그림에 대한 질문을 한다. 학생들이 놓친 내용은 교사가 직접 핵심적인 발문을 통해 수업을 이어간다. 핵심 질문에는 그림책을 읽고 내용을 정리하는 활동지의 일부 내용이 포함되어 있다. 여기서 학생은 발표를 하지 않는다. 단지 활동지를 해결하기 전에 깊은 사고를 하기 위함이다.

> **교사가 던진 핵심 질문은 다음과 같다.**
> 주인공이 사는 곳에는 어떤 문제가 있었나요?
> 주인공이 사는 곳의 물고기들에게 어떤 어려움이 있었을까요?
> 플라스틱 문제로 힘들어하는 동물들에게 하고 싶은 말은 무엇인가요?

TIP 온작품읽기는 작품을 온전하게 갖춘 형태로 읽는다는 뜻을 가지고 있다. 국어과 교육과정에서는 통합적인 독서 활동에 초점을 맞추어 '한 학기 한 권 이상의 책을 수업 시간에 읽기'활동 후 듣기·말하기, 읽기, 쓰기가 통합된 수업 활동을 통해 인문학적 소양을 갖출 수 있도록 강조하고 있다. 온작품읽기 작품은 교육과정과 STEAM 수업에서 필요한 상황 관련 문제 정의에 쉽게 접근할 수 있는 그림책을 정한다. 온작품읽기 후 내용을 정리할 때 주요 장면과 내용을 2~3가지 쓰고 상황에 몰입할 수 있도록 한다. 수업을 풍성하게 하기 위한 미래형 융합교육(STEAM) 구성요소를 정리하면 다음과 같다.[1]

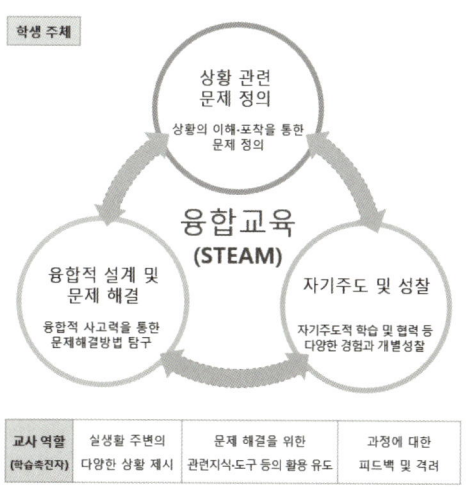

미래형 융합교육(STEAM) 구성요소

※ (STEAM) Science(과학), Technology(기술), Engineering(공학), Arts(인문·예술), Mathematics(수학)의 머리글자를 합하여 만든 용어로, 과학기술분야인 STEM에 인문학적 소양과 예술적 감성 등을 고려해 인문·예술(A) 추가

---

1) https://steam.kofac.re.kr/

플라스틱섬	생활 속 플라스틱
책에는 어떤 내용이 있었는지 생각해 봅시다	생활 주변에서 사용하는 플라스틱은 어떤 것이 있는지 찾아봅시다.
주인공은 누구였을까?	
주인공이 사는 곳에는 어떤 문제점이 있었을까?	플라스틱 문제를 해결하기 위해서 우리가 할 수 있는 노력을 생각해 봅시다.
주인공이 사는 곳에 물고기들은 어떤 어려움이 있었을까?	
왜 이런 일이 생겼을까?	
'플라스틱 섬' 표지를 살펴보았을 때 동물들은 어떤 생각을 하고있을까요?	플라스틱 문제로 힘들어가는 지구촌 동물들에게 하고 싶은 말을 써 봅시다.

플라스틱 섬 내용 활동지

학생들은 미리 배부한 학습지를 꺼내어 '플라스틱 섬' 책의 내용을 정리한다. 이어서 '해양 플라스틱 쓰레기 지대 탐사', '미세 플라스틱의 습격' 영상을 보고 플라스틱 쓰레기의 문제점과 미세 플라스틱이 인간에게 얼마나 해로운지 확인한다.

교사는 그림책 '플라스틱 섬'과 플라스틱 관련 영상 자료로 플라스틱

오염 문제 상황의 심각성을 알게 하고 STEAM 수업의 '상황 관련 문제 정의'와 '융합적 설계 및 문제 해결'을 위한 정보를 제공해 주고자 한다.

> 교사 : 여러분은 동영상 자료를 통해 무엇을 느꼈나요?
> A : 우리가 생각보다 많은 플라스틱을 사용하고 있다는 것을 알게 되었습니다.
> B : 플라스틱이 재활용되지 못하고 바다로 흘러가 물고기들이 힘들어하고 있다니 미안한 생각이 들었습니다.
> C : 우리가 버렸던 플라스틱이 우리 몸으로 되돌아 와 문제가 된다고 하니 플라스틱을 잘 처리해야 할 것 같습니다.

[상황 관련 문제 정의] ② 배움주제 확인하기- 우리 함께 플라스틱 문제를 해결해 볼까?

이제는 플라스틱 문제를 학생들의 삶과 연결하기 위하여 짝토의를 한다. 교사의 안내로 학생들에게 제공한 플라스틱 문제를 다룬 자료는 모두 같지만 이를 자기문화하는 과정에서 반응이 다름을 알 수 있다.

> **TIP** STEAM학습 준거틀에 의하면 상황 관련 문제 정의에서 다음과 같은 내용이 중요하다.[2]
> • 실생활과 연결 : 학생들이 실생활에서 해결해야 할 문제 상황으로 제시하고 있는가?
> • 흥미와 몰입 : 학생이 흥미를 느낄 수 있는, 학생의 눈높이에 맞는 구체적인 상황인가?

---

2) https://steam.kofac.re.kr/

[융합적 설계 및 문제 해결] ① 플라스틱 문제점 더 알아보기

태블릿 PC를 사용하여 플라스틱 사용에 대한 문제점을 찾도록 한다. 교사가 제시한 제한된 정보보다는 학생들이 정보를 직접 찾는 것이 더 의미가 있다. 융합적 설계 및 문제 해결 단계는 교사가 수업을 디자인했지만 학생이 중심이 되어서 자신의 아이디어와 발상을 반영할 수 있도록 하는 것이 중요하기 때문이다. 또한 학생들이 배움 주제를 해결하기 위한 방법을 찾아 자기 문제로 인식하는 것이 무엇보다 중요하다. 학생들은 교사가 수업에 반영하지 못한 플라스틱의 문제를 여러 곳에서 찾는다.

> **학생들이 찾은 플라스틱의 문제점**
> - 파이로 플라스틱 – 플라스틱이 변형되어 해변가에서 가짜 돌이 되어 구분하기 어려운 해양 쓰레기가 된다. 이것은 바다 동물들에게 피해를 준다.
> - 북극에서는 미세 플라스틱 입자들이 하늘에서 눈과 함께 떨어진다.(BBC NEWS)
> - 미세플라스틱 위험성-세포를 죽이고 몸에 염증을 일으키며, 몸속에 독성으로 남아있다.(대한의학회)
> - 우리가 버린 플라스틱이 태평양에 모여들어 큰 플라스틱 섬이 존재하고 심각한 해양 오염을 일으킨다.(EBS 59초 환경이야기)
> - 플라스틱은 약 14%만 재활용된다. 이물질이 섞인 플라스틱은 재활용 자체가 어렵다.(GS칼텍스 미디어 허브)

태블릿 PC를 이용한 조사 활동을 통해 학생이 질문을 만들고 친구들과 이야기를 나눈다. 이 과정에서 플라스틱의 문제점을 충분히 이해하고 쉬우르[3]를 한다. 학생들이 찾은 풍성한 내용들이 플라스틱 수업에 몰입을 하는 데도 도움을 준다.

테블릿 PC를 이용한 조사하기

플라스틱 자기문제화 하기

[융합적 설계 및 문제 해결] ② 마을교육공동체와 함께 플라스틱 재활용한 행잉 플랜트 제작하기

하루 지난 다음 날이다. 어제 수업에 이어 오늘은 마을교육공동체와 연계된 수업을 진행한다. 이를 위해 교사는 학기 초에 학년 선생님들과 함께 계획하였고 STEAM 수업으로 재구성하여 디자인하였다. 00마을 교육공동체에서 강사 두 분이 두릅나무과 상록 덩굴성 관엽식물인 아이비와 돌멩이들을 준비해 오셨다. 사전에 학생들에게는 생활에서 사용하는 플라스틱 재질의 물건을 찾아보고 1.5L 이상 페트병 절반을 잘라 준비하게 했다.

---

3) 쉬우르란 하브루타 수업에서 마지막 정리단계를 말한다.

> 교사 : 어제 안내했듯이 오늘은 마을교육공동체 강사님을 모시고 에코 행잉 플랜트를 할 예정입니다. 여러분 책상에는 무엇이 있나요?
> A : 반으로 자른 페트병이 있습니다.
> B : 선생님께서 주신 끈이 있습니다.
> 교사 : 네. 페트병과 마 끈이 놓여있습니다. 교실 앞에는 무엇이 있나요?
> D : 화분에 초록색 식물이 담겨 있습니다.
> 교사 : 혹시 이 식물의 이름을 알고 있나요?
> A : 선생님, 아이비 아닌가요?
> 교사 : 네, 아이비가 맞습니다. 준비된 재료들을 가지고 에코 행잉 플랜트를 함께 만들어보도록 합시다.

교사의 말이 끝나자 마을교육공동체 강사가 칠판 가운데에 '에코 행잉 플랜트'라고 쓴다. 학생들에게 함께 읽어보도록 하고 행잉 플랜트에 대한 설명을 이어간다.

> 강사 : 마 끈을 이용하여 먼저 매듭을 만들고 겁니다. 이것은 페트병 화분이 잘 걸릴 수 있게 화분 걸이대가 되는 겁니다. 저와 함께 만들어봐요.
> 마 끈의 매듭을 2번에 걸쳐서 만들 겁니다. 거기에 여러분이 준비한 페트병 화분이 걸리게 됩니다.
> C : 선생님 매듭을 어떻게 해요?
> 강사 : 칠판에 끈매듭을 그려서 안내해 줄게요.
> (강사 선생님이 칠판에 8개의 끈을 그리고 거기에 번호를 쓴다)

> 이제 첫 번째 줄에서 가까운 1-2, 3-4, 5-6, 7-8을 묶어주세요.
> 그다음 두 번째 줄에서 2-3, 4-5, 6-7, 1-8을 묶어주세요.
>
> B : 선생님 이것이 맞나요? 선생님 어려워요.

마을교육공동체 강사 설명

마 끈을 이용한 화분 걸이대 만들기

이제는 아이비가 담길 페트병을 꾸미기로 한다. 화분에 담길 아이비에게 하고 싶은 말 그리고 자신의 개성을 살려 다양한 그림을 네임펜을 이용하여 그린다. 화분을 다 꾸몄다면 이제 아이비를 수경재배하기 위해 작업할 시간이다.

흙이 묻어있는 아이비를 다듬기 위해서 교사는 미리 과학실에서 다용도 김장매트와 투명수조를 준비했다. 모둠 친구들과 함께 아이비를 포트에서 빼내고 김장매트에서 화분흙을 조심스럽게 털어낸 후, 투명수조에 아이비 뿌리가 담길 정도로 넣고 남은 흙을 털어낸다. 페트병에 돌멩이를 3~4개 정도 넣고 아이비를 조심스럽게 넣는다. 그리고 아이비 뿌리가 잠길 정도로 물을 채운다. 마지막으로 마 끈으로 제작한 화분걸이에 아이비가 담긴 페트병을 걸어준다. 드디어 친구와 2인 1조가 되어 긴장한 모습으로 조심스럽게 진행한 에코 행잉 플랜트가 완성되었다. 이곳저곳에서 "와, 이쁘다", "선생님, 집에 가져가서 키워보고 싶어요."라는 말이 들린다. 제작 과정이 끝나고 학생들은 저마다 자신이 만든 에코 행잉 플랜트에 이름을 짓고 소망을 적는다.

페트병 화분 꾸미기

아이비 뿌리 씻기

A : 이쁜이 아이비, 건강하고 예쁘게 자라줘!
B : 사랑이, 무럭무럭 잘 자라!
C : 푸름아, 깨끗한 공기를 부탁해!
D : 청아, 실내 미세먼지 다 잡아줘.

[융합적 설계 및 문제 해결] ③ 지역도서관에 에코 행잉 플랜트 기부하기

완성된 에코 행잉 플랜트 일부는 교실에서 키우고 나머지는 학교 옆 지역 도서관에 기부를 하기로 하였고 도서관 출입구에 있는 도서 반납함 양쪽 거치대에 걸리게 되었다. 교사는 기부한 학생들에게는 아이비가 잘 자랄 수 있도록 수시로 관리해 줄 것을 당부한다.

지역도서관에 에코 행잉 플랜트 기부하기

에코 행잉 플랜트 설치

[자기주도 및 성찰] ① 플라스틱 문제 해결을 위한 제안하는 글쓰기

STEAM 수업의 마지막은 플라스틱 문제 해결을 위한 제안하는 글쓰기이다. 이를 위해 문제 상황, 제안하는 내용과 까닭을 쓰는 데 사고 활동이 활발하게 일어날 수 있도록 하는 것이 중요하다. 지금까지 한 활동을 다시 한번 생각해 보게 하고 문제 해결을 위해 자신의 의견이 드러나게 제안하는 글을 쓰게 한다.

> 교사: 이번 시간에는 플라스틱 문제 해결을 위한 제안하는 글쓰기를 하려고 합니다. 그동안 선생님과 함께 한 과정을 다시 한번 생각해 봅시다. 인상 깊었던 활동을 발표해 볼까요?
> A: 플라스틱 페트병을 재활용한 에코 행잉 플랜트 만들기가 재미있었습니다.
> B: 플라스틱의 문제점을 직접 찾아보았는데 플라스틱이 환경오염에 매우 안 좋다는 것을 알게 되었습니다.

C: 우리가 사용한 플라스틱이 아주 작게 쪼개져서 우리 몸으로 들어와 병에 걸릴 수 있다는 것이 무서웠습니다.

D: 플라스틱 사용을 줄이기 위해서 노력해야겠다는 생각이 들었습니다.

교사: 여러분이 생각한 것을 잘 정리해서 제안하는 글을 쓰면 됩니다. 여러분의 능력을 보여주세요.

TIP 제안하는 글쓰기에서 다음과 같은 내용을 유의하도록 안내한다.
- 글쓰기 활동에 그치지 않고 생활에서 실천될 수 있도록 한다.
- 문제 해결을 위해 제안한 자신의 의견이 실천할 수 있는 것인지 확인한다.
- 문제를 해결하기 위해서 친구들의 아이디어를 적극적으로 수용하고 적절한 이유를 쓰도록 한다.
- 문제 상황을 바르게 알고 제안한 내용과 까닭이 명확한지 다시 한번 확인한다.

4학년이 제안하는 글쓰기는 3학년이 제안하는 글보다 고차원적으로 제안하는 까닭을 명확하게 써야 한다. 학생들은 자신의 생각과 주장을 정리하여 제안하는 글쓰기 과정을 어려워한다. 교사는 제안하는 글을 다 쓴 학생들에게는 친구 5명을 찾아가 쓴 글을 발표하도록 한다. 학생들은 좋아하는 친구 앞에서 즐거운 표정으로 자신의 글을 발표하기 시작한다. 교실이 다소 소란스럽지만 발표를 듣는 학생은 제안하는 글의 특징이 잘 드러났는지 확인하고 잘한 점과 수정할 점을 이야기하도록 한다. 발표가 끝나면 제안하는 글을 다시 점검하여 수정하고 교실 뒤편 알림판에 붙여 서로 공유하도록 한다. 그중에 다듬어지지 않은 학생 작품을 살펴보자.

제목 : 플라스틱으로부터 지구를 지키자

4학년 4반 정OO

플라스틱은 지금 환경을 오염시키고 있다.
우리는 플라스틱을 과소비하고 있고 분리배출도 제대로 하지 않고 있다.
그렇기 때문에 우리는 환경을 오염시키고 있는거나 다름없다.
그래서 우리는 플라스틱 사용도 줄이고, 분리배출도 제대로 해야 한다.
특히 페트병은 사람들이 분리 배출하는 법을 잘 모르기 때문에 분리배출이 제대로 되지 않아 재활용하는 데 큰 어려움을 겪고 있다.
그래서 나는 미세플라스틱의 위험성을 알려주려고 한다.
우리는 미세플라스틱을 일주일에 5g 정도 먹고 있다. 우리는 1년에 약 260g이나 먹고 있다는 것이다. 심지어 종이컵에는 수조 수천억의 미세플라스틱이 들어있다. 티백에는 몇백 조의 미세플라스틱이 들어 있다. 그래서 우리는 플라스틱이나 일회용 사용을 최대한 줄이고 되도록이면 재활용품 사용하고 미세플라스틱이 들어가 있는 제품을 알고 쓰지 않아야 한다. 그래야 우리가 건강할 수 있고 동식물도 잘 자랄 수 있고 그래야 지구도 더 건강해져 우리 후손이 더 오래 살 수 있다. 앞으로 우리가 플라스틱 사용을 줄여야 한다.

제안하는 글쓰기 발표하기   제안하는 글쓰기 상호평가

[자기주도 및 성찰] ② 플라스틱-Free 실천 과제 5가지 정하기

학생들이 제안한 글쓰기 내용 중 플라스틱-Free 실천 과제 5가지를 정한다. 플라스틱의 문제점을 해결하기 위한 제안하는 글을 쓰고 친구들의 제안하는 글도 읽었기 때문에 플라스틱-Free 실천 과제를 선정하는 데 어려움은 없었다. 플라스틱을 쓰지 않아야 한다는 실천 과제부터 과대포장을 줄여야 한다는 것까지 다양한 실천과제가 나왔다. 학생들의 작품을 살펴보면 다음과 같다.

플라스틱-Free 실천 과제 5가지 정하기

> 교사: 플라스틱이라는 주제로 여러분과 함께 공부를 해봤습니다. 이번 공부를 통해 여러분은 어떤 점을 느끼게 되었나요?
>
> A: 우리가 생각보다 플라스틱을 많이 사용하고 있으며, 꼭 필요하지 않을 때도 사용하고 있는 것 같습니다.
>
> B: 플라스틱-Free 실천과제를 가족들과 집에서 실천해 보고 싶습니다.
>
> C: 산과 바닷가에 놀러 갔을 때 플라스틱이 보이면 주워서 쓰레기통에 버려야겠습니다. 그래야 미세플라스틱이 생기는 것을 막을 수 있습니다.
>
> D: 플라스틱을 줄이는 노력도 중요하고 재활용하는 다양한 방법도 생각하게 되었습니다.
>
> E: 불필요한 플라스틱 사용을 줄이기 위해 장바구니를 사용하고 페트병 대신에 텀블러를 사용하겠습니다.
>
> 교사: 플라스틱에 대한 공부를 열심히 한 것 같습니다. 플라스틱 문제를 해결하기 위해서 우리 반 친구들이 꾸준히 플라스틱-Free 실천 과제를 해 주기를 바랍니다.

값싸고 편리한 플라스틱이 자연환경과 우리의 몸을 망가트리고 있습니다. 플라스틱 폐기물 문제가 심각해지면서 정부가 일회용품을 규제하고 플라스틱 폐기물 발생량을 감축하고 재활용률을 높이기 위해 노력하고 있지만 큰 성과로 나타나지 않는 게 사실입니다. 국가 및 지자체의 탈플라스틱 정책 노력도 중요하지만 학교교육을 통해 학생들의 미래 삶과 직접 관련 있는 플라스틱 문제를 보다 심도 있게 다루고 미래 환경교육에 대한 속도를 내야 합니다. 그리고 이러한 환경교육이 짧은 체험이나 간단한 구호로 그쳐서는 안 되며 환경수업과 삶이 체계적으로 연계된 교육으로 거듭나야 한다고 생각합니다.

수업 성찰과 나눔

창의샘

학생들의 삶과 연계되어 있는 플라스틱 문제를 다루기로 하면서 주제의 특성을 살려 교육과정을 재구성하였고 STEAM 프로그램으로 디자인하였습니다. 온작품읽기에서 시작하여 마을교육공동체와 연결된 플라스틱 재활용 에코 행잉 플랜트 제작, 그리고 지역도서관에 기부활동까지 학생들은 체험을 통해 플라스틱의 문제점을 찾고 배움으로 받아들였을 것이라 조심스럽게 생각해 봅니다. 또한 실천 의지를 키우기 위해서 플라스틱 문제에 대한 제안하는 글쓰기, 플라스틱-FREE를 위한 실천과제 세우기 등을 하면서 중간중간 수업을 조금씩 수정하였습니다. 변화된 수업의 중심은 우리 학생들이었습니다. 이번 수업은 함께 배우고 실천하는 의미 있는 학생 중심의 STEAM 수업이 목표였습니다. 앞으로 학급 학생들과 함께 플라스틱에 대한 활동을 계속 이어 나갈 계획입니다.

우리샘

저 또한 4학년을 지도하고 있는데 학생들이 자신의 사고 과정을 거쳐 글을 쓰는 것을 매우 어려워합니다. 학생 생활 주변에서 문제점을 찾고 문제를 해결하는 과정이 좋았던 것 같습니다. 특히 요즘 기후변화와 환경문제에 대해 신문, 방송 및 인터넷 매체에도 다양한 정보들이 있어 학생들이 보다 쉽게 접근할 수 있습니다. 수업을 디자인하신 선생님께서 이를 잘 활용하신 것 같습니다. 저희 반 학생들에게 플라스틱의 문제를 가지고 STEAM 수업을 적용해 보면 좋을 것 같습니다.

겨울샘

상황 관련 문제 정의에서 플라스틱 관련 그림책을 효과적으로 활용하신 것 같습니다. 요즘 학생들은 책 읽기를 그다지 좋아하지 않지만 담임 선생님께서 직접 책을 읽고 내용을 다시 한번 정리하여 학생들이 문제에 정확히 접근할 수 있도록 해 주신 것 같습니다. 그리고 또 플라스틱과 관련된 추가 동영상을 준비하여 학생들이 STEAM 수업에서 플라스틱의 심각성을 자기문제화하고 몰입할 수 있도록 해 주신 것 같습니다.

궁금샘

플라스틱이라는 주제를 효과적으로 해결하기 위해 미래형 융합교육(STEAM)수업을 구상한 것이 인상적이었습니다. 특히 마을교육공동체와 연계하여 플라스틱을 재활용한 에코 행잉 플랜트를 제작해 보는 활동이 돋보입니다. 의미 있는 교육과정 재구성을 하여 플라스틱의 문제를 해결해 가는 과정이 학생들의 삶과 관련된 실질적인 수업이 아니었나 생각해 봅니다. 또한 제작한 작품을 지역 도서관에 기부로 연결한 것도 매우 인상적이었습니다. 하지만 다양한 활동이 진행되는 동안 촉박하지 않게 더 많은 시간 확보가 필요할 것 같습니다.

21세기 지구촌 여러 문제 중에서 가장 심각한 것이 환경문제라고 누구도 부인하지 않을 것입니다. 환경문제는 학생들의 삶과 직접 관련이 되어 있으며, 미래 교육에서도 가치있게 다루어져야 할 것입니다. 이번 수업의 연속선상에서 가정과 학교에서 실천할 수 있는 병뚜껑 모으기 프로젝트, 또 다른 플라스틱 챌린지 기획으로 학생들과 교사가 함께 만들어나가는 수업을 통하여 학생들의 삶에서 실천할 수 있는 문화를 만들어 환경교육의 가치를 키워나갈 계획입니다. 그리고 플라스틱-Free를 위해서 우리는 무엇을 실천할 수 있을지 고민하고 새로운 실천방안을 찾아 확대할 계획입니다. 이러한 작은 약속들을 지속적으로 실천한다면 지구를 플라스틱에서 구할 수 있을 것이라 믿습니다.

우리 학교 화장실 내가 만들었다.

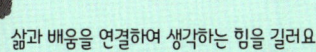

삶과 배움을 연결하여 생각하는 힘을 길러요.

학생들은 지금 삶에서 필요한 배움, 삶과 관련된 배움에 의미를 둡니다. 배움은 학생들의 삶과 분리하여 생각할 수 없습니다. 하지만 수학을 자신과 별로 관련이 없으며 앞으로 살아가는 데 필요하지 않은 교과로 생각하는 학생들이 많습니다. 우리 생활 속에 수학이 스며들어 있다는 것을 알도록 해야 합니다.

이에 선대칭도형을 이용하여 화장실 타일에 들어갈 무늬를 그리는 활동을 통해 우리 학교 화장실을 아름답게 만드는 것을 제안함으로써 친구들과 함께 생활 속 문제를 고민하고 이야기하며 생각하는 즐거움을 느끼도록 하고 싶었습니다.

 수업 디자인

학년	5학년	교과	수학
주제	선대칭도형으로 타일 무늬 그리기		

수업 흐름	**도입**
	① 문제 상황 제시하기
	  - 우리 학교 화장실의 문제점 이야기하기
	② 배움 주제 확인하기
	  - 선대칭도형으로 타일 무늬 그리기
	
	전개
	① 선대칭도형 그리는 방법 알아보기
	  - 선대칭도형의 성질 생각하기
	  - 대응점과 대칭축의 관계 생각하기
	② 선대칭도형으로 타일 무늬 그리기
	③ 선대칭도형으로 그린 타일 무늬 공유하기
	  - 선대칭도형이라고 생각한 이유
	
	정리
	① 배움 공유하기
	  - 수업을 통해 알게 된 점과 느낀 점 공유하기		

도입 ❶ 문제 상황 제시

우리 학교 화장실의 실제 모습을 찍은 사진을 보여주며 문제점에 대해 자유롭게 이야기한다. 학생들의 삶에서 배움이 시작된다.

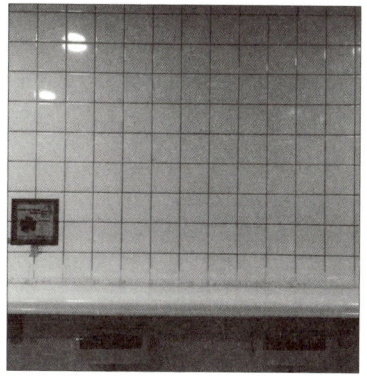

> 교사: 우리 학교 화장실을 사용하면서 느낀 문제점을 이야기 해볼까요?
> A: 더럽고 냄새가 많이 납니다.
> B: 더럽게 사용하는 친구들이 많고 화장지를 낭비하는 것 같습니다.
> C: 너무 어두운 것 같습니다.
> D: 화장실을 좀 더 깔끔하고 아름답게 꾸미면 좋겠습니다.

학생들은 수학과 관련이 없더라도 평소 화장실을 사용하면서 느낀 문제점을 이야기한다. 발표를 거듭할수록 분위기는 가열된다. 자기 경험을 이야기하고 자신과 관련된 이야기를 할 때는 더욱 관심과 흥미를 가지고 적극적으로 참여하는 학생들의 모습을 볼 수 있다.

> **TIP** 화장실 타일 무늬와 관련된 응답이 나오지 않더라도 괜찮다. 학생들의 응답에서 무늬를 그릴 수 있는 다른 소재와 연결 지을 수 있다. 교사가 화장실 타일에 대해 이야기하며 유도할 수도 있다. 중요한 건 학생들이 자신의 삶에서 배움을 즐겁게 시작하여 적극적으로 생각하는 것이다.

도입 ❷ 배움 주제 확인하기

친구들과 함께 찾은 우리 학교 화장실의 문제점 중에서 수학 시간에 배운 내용을 활용하여 해결할 수 있는 방법을 이야기한다. 화장실을 아름답게 꾸미기 위해 선대칭도형을 이용하여 타일에 무늬를 그리도록 한다.

> 교사 : 수학 시간에 배운 내용을 활용하여 해결할 수 있는 방법을 이야기해볼까요?
> A : 화장실에 무늬를 그려 꾸미면 좋겠습니다.
> B : 화장실 타일에 선대칭도형을 이용하여 무늬를 그리면 좋겠습니다.
> C : 우리가 그린 무늬가 정말 학교 화장실 타일에 사용되나요?
> D : 일단 시도해 보는 것도 재미있을 것 같습니다.
> E : 꼭 선대칭을 이용하여 그려야 하나요?

학생들은 정해진 방법 외의 활동을 제한하는 것에 거부감을 느낄 수 있고, 남들과 다른 방법으로 하고 싶어 한다. 학생이 원하는 방법으로 시도하고 시행착오를 겪으며 배움을 얻는 것도 좋다. 선대칭도형이 아닌 무늬를 그렸을 경우 선대칭도형을 이용하여 그린 무늬와 비교하는 활동에서도 의미 있는 배움을 얻을 수 있다.

전개 ❶ 선대칭도형 그리는 방법 알아보기

선대칭도형의 예시를 제시하여 선대칭도형 그리는 방법을 학생들이 직접 찾는다. 선대칭도형은 한 직선을 따라 접어서 완전히 겹쳐지는 도형이기 때문에 학생들은 접어서 비추어 보며 그리려고 할 수도 있다. 하지만 매번 종이를 접어서 선대칭도형을 그릴 수는 없다. 종이를 접지 않고 선대칭도형을 그리는 방법을 생각하도록 한다.

> 교사: 종이를 접지 않고 선대칭도형을 그리는 방법을 말해볼까요?
> A: 종이를 접는 이유는 비추어 보고 똑같이 그리기 위해서입니다.
> B: 대칭축으로부터 같은 거리에 대응변과 대응점을 그리면 됩니다.
> C: 대칭축으로부터 거리를 재어 대응점을 찍거나 대응변을 그리면 됩니다.

TIP 종이를 접는 이유와 선대칭도형을 그리는 방법을 연결하여 생각하지 못하면 선대칭도형의 성질을 생각할 수 있도록 한다. 선대칭도형의 성질을 이해하기 어려워하는 학생이 많은 경우에는 대응점 찍기 몸놀이를 통해 대칭축과 대응점의 관계를 이해하는 데 도움을 줄 수 있다.

대응점 찍기 몸놀이

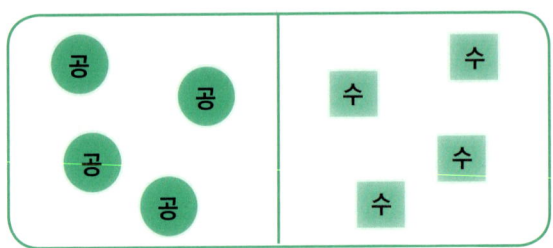

대응점 찍기 몸놀이는 교실 중간에 대칭축으로 삼을 줄을 설치하고 대응점의 위치에 직접 가서 서 보는 활동이다. 모둠별 혹은 2팀으로 나누어 활동할 수 있다.

1. 4명 정도로 모둠을 구성한다.(2팀으로 나눈다.)
2. 공격과 수비를 정한다.
3. 공격팀이 아무 위치에 선다.
4. 수비팀이 공격팀의 대응점 위치에 선다.
5. 공격팀의 위치와 수비팀의 위치를 발걸음 수로 잰다.(줄자로 잴 수도 있다.)
6. 수비팀의 위치가 대응점에 맞으면 수비팀에게 1점, 틀리면 공격팀에게 1점을 준다.

전개 ❷ 선대칭도형으로 타일 무늬 그리기

 대칭축과 같은 거리에 대응점을 찍거나 대응변을 그려서 선대칭도형을 그리지 않고 일단 무늬를 그린 후에 대칭축을 찾으려는 학생도 있다. 이는 선대칭도형을 그리는 방법을 익혀야 하는 배움 주제에서 벗어나는 것이다. 그리고 무늬를 다 그린 후에 대칭축을 찾았는데 선대칭도형이 되지 않는다면 그린 무늬를 계속 수정해야 하는 불편함도 있다. 대칭축을 정하고 대응변과 대응점을 찍어 그리는 것이 더 빠르고 편리하다는 점을 깨닫게 할 필요가 있다.

 한 명이 그린 무늬만 선대칭도형으로 그려도 되는지 아니면 모둠원 네 명이 그린 무늬를 모아야만 선대칭도형으로 그릴 수 있는 건지 혹은 둘 다인지 물어보기도 한다.

> A: 자기가 그린 타일만 선대칭도형이면 되나요? 아니면 네 명이 그린 무늬를 모았을 때 선대칭도형이면 되나요?
> 교사: 어떻게 그리면 좋을 것 같아요?
> B: 잘 모르겠지만 둘 다 괜찮을 것 같아요.
> 교사: 모둠원들과 이야기 나누고 개인으로 할지 모둠으로 할지 결정하세요.
> C: 네 명이 그린 무늬를 모아서 선대칭도형을 그리는 것은 어려울 것 같으니 자기가 그린 타일만 선대칭도형으로 그리면 좋겠습니다.
> D: 모둠에서 모은 타일도 선대칭도형이 되도록 그리면 좋겠습니다.

학급에 공유하면 좋은 주제이기에 학급 전체에 안내하고 각 모둠에서 결정하는 과정과 결과를 살펴본다. 무늬를 그리는 중간에 생각이 바뀌는 경우에도 모둠에서 이야기를 나누고 다시 결정할 수 있는 기회를 준다. 시행착오를 겪으면서 배움을 얻고 좀 더 적극적으로 생각을 표현할 수 있기 때문이다.

전개 ❸ 선대칭도형으로 그린 타일 무늬 공유하기

선대칭도형으로 그린 타일 무늬를 발표하여 공유한다. 다른 모둠에서 발표한 선대칭도형을 이용한 무늬에 대해 이야기한다.

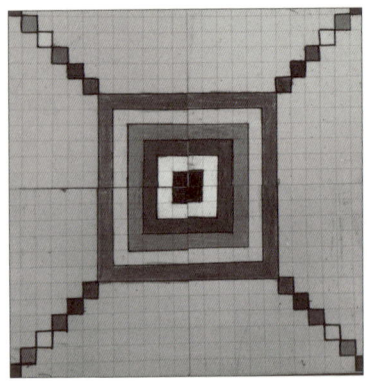

네 명이 그린 타일 무늬와 합친 무늬가 모두 선대칭도형이 된다.

네 명이 그린 타일 무늬는 선대칭도형이 되지만 합친 무늬는 선대칭도형이 되지 않는다.

> 교사: 선대칭도형을 이용하여 무늬를 잘 그렸는지 이야기해 볼까요?
> A: 대칭축으로부터 왼쪽과 오른쪽 대응점의 위치가 포개어지므로 선대칭도형으로 잘 그린 것 같습니다.
> B: 대칭축의 방향을 다양하게 잘 나타내었습니다.
> C: 대칭축의 개수를 여러 개로 하니 무늬가 더 멋있는 것 같습니다.
> D: 저희 모둠에서는 개인이 그린 무늬에서만 선대칭도형을 이용하여 그렸는데 여러 개의 타일이 모여 선대칭도형을 이루고 있는 무늬가 더 예쁜 것 같습니다.

다른 모둠에서 그린 무늬를 보면서 선대칭도형의 성질에 대해 자세히 생각할 수 있다. 대칭축이 가로와 세로뿐 아니라 대각선일 수도 있고 개수도 한 개가 아니라 여러 개일 수 있다.

발표가 끝난 후 다른 모둠의 결과물과 비교하여 자기 모둠에서 내린 결정이 잘된 건지 모둠원들과 판단하기도 한다.

> A: 모둠에서 그린 타일이 모여 선대칭도형이 되니까 더 아름답고 멋있어.
> B: 우리도 모둠으로 모을 걸 그랬어.
> C: 우리가 결정한 거니까 후회는 없어.
> D: 맞아. 개인으로 하니까 더 간단하고 빠르게 완성할 수 있었어.

타일 무늬의 결과물보다 의사결정 과정과 무늬를 그리는 과정에서의 편리함으로 판단하는 모둠도 있다.

정리 ❶ 수업에서 얻은 배움 공유하기

수업에서 알게 된 점과 느낀 점을 공유하며 수업을 마친다.

> 교사: 수업을 통해 알게 된 점과 느낀 점을 이야기해 볼까요?
> A: 선대칭도형을 종이를 접지 않고 대칭축, 대응변, 대응점을 이용하여 그릴 수 있었습니다.
> B: 대각선도 대칭축이 될 수 있다는 것을 알게 되었습니다.
> C: 대칭축은 한 개만 있는 줄 알았는데 여러 개일 수 있다는 것을 알게 되었습니다.
> D: 선대칭도형을 이용하여 그린 무늬가 아름답고 멋졌습니다.
> E: 수학은 우리 생활과 관련이 없는 줄 알았는데 생활에서 사용한다는 사실을 알게 되었습니다.
> F: 우리가 그린 타일 무늬가 우리 학교 화장실 타일에 사용되면 좋겠습니다.

종이로 접어보지 않고도 선대칭도형을 그리는 방법, 대칭축이 가로와 세로에만 있지 않은 점, 하나의 무늬뿐 아니라 여러 가지 무늬에서도 대칭축을 찾을 수 있다는 점 등 선대칭도형으로 타일 무늬를 그리면서 새롭게 알게 된 점이나 느낀 점, 그리고 친구들과의 대화를 통해 얻게 된 배움을 배움 공책에 적고 주위 친구들과 배움에 대해 자유롭게 공유한다.

수업 성찰과 나눔

우리샘

수학이 학생들의 삶과 관련되어 있다는 점을 느끼도록 학교 화장실에서 문제점을 찾아 삶에서 배움을 시작하였습니다. 학생들은 자기가 필요하거나 관련이 있다고 생각하는 것에 흥미와 관심을 가지고 적극적으로 참여하기 때문입니다. 선대칭도형을 그리는 방법을 교사가 바로 안내하지 않고 주어진 선대칭도형을 보고 학생들이 직접 생각하여 찾았습니다. 선대칭도형을 이용할지, 모둠에서 네 명이 각각 그린 무늬를 모았을 때 선대칭도형이 되게 할지 등을 학생들이 결정하고 교사의 의도와 다른 선택을 하더라도 시행착오를 겪으면서 생각의 힘을 키우도록 하였습니다.

궁금샘

학생들의 생각을 존중하는 부분이 인상 깊었습니다. 다만 학생들의 생각만을 너무 존중하면 수업과 전혀 상관없는 방향으로 수업이 진행될 수도 있으므로 이에 대한 교사의 철저한 사전 수업 준비가 필요할 것 같습니다.

겨울샘

수업에서 학생들이 어떤 생각을 할지 교사의 많은 고민이 보였습니다. 교사의 많은 고민 끝에 학생들이 깊이 고민하고 생각할 수 있는 상황을 제시할 수 있었던 것 같습니다. 그리고 학생들의 혼란 지점을 사전에 파악하여 적절한 발문으로 더 많은 생각을 이끌어내는 점이 인상 깊었습니다.

창의샘

저는 이번 수업에서 교사의 역할이 가장 중요하다고 생각합니다. 교사의 적절한 개입이 없다면 학생들의 생각은 존중되지만 깊이 있는 배움이 일어나지 않을 수도 있을 것 같습니다.

학생들에게 생활 속에서 수학이 사용되고 다른 배움과도 연결되어 있다고 이야기하지만 백 마디 말보다는 학생들이 직접 해보고 느끼는 것이 가장 좋습니다. 수학에서 배운 내용을 활용하여 그린 무늬에서 아름다움을 느끼고 자신이 그린 아름다운 무늬가 학교 화장실에 사용된다면 학생들은 삶과 배움을 별개로 생각하지 않을 것입니다. 이번 수업을 통해 학생들의 삶에서 배움을 얻고 배움을 다시 삶과 연결하였습니다.

오리엔티어링과 제안하는 글쓰기

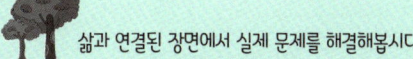

삶과 연결된 장면에서 실제 문제를 해결해봅시다.

　오리엔티어링은 산이나 숲에서 지도와 나침반만을 사용하여 일정한 중간 지점을 통과해 목적지에 빨리 도착하는 것을 겨루는 경기입니다. 보통 오리엔티어링의 방식을 약간 변형하여 수련 활동의 미션 달성 프로그램으로 많이 활용합니다. 먼저 여러 장소에 마커(일종의 표식인데 깃발이나 꼬깔콘 등 다양한 물건으로 대체 가능)와 펀치를 둡니다. 학생들은 지도를 활용해 해당 장소를 찾아가서 학습지나 별도의 종이에 장소마다 모양이 다른 펀치로 표시를 합니다.

마커

 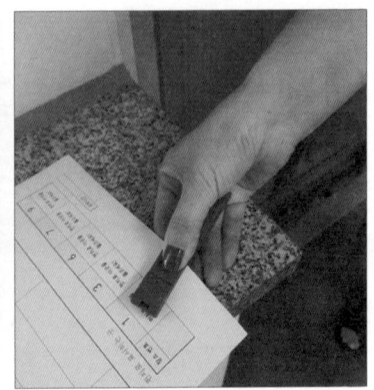

펀치

　오리엔티어링은 몸을 움직이는 미션 형태이기 때문에 활동하는 것을 좋아하는 초등학생 특성상 재미있게 참여하게 됩니다. 하지만 단순한 미션 활동에 그치면 안 됩니다. 학생들은 학교 곳곳을 돌아다니며 학교 안 공간에 대한 문제의식을 느끼고 주변의 상황을 비판적으로 관찰합니다. 그리고 자신과 밀접하게 관련 있는 문제 상황을 해결할 효과적인 방법을 생각합니다. 이를 해결하기 위해 제안하는 글을 쓰게 되는데, 제안하는 글을 쓰기 위해 문장의 짜임을 이해하고 자신의 의견을 정확하게 표현하고자 노력하게 될 것입니다.

　의미 있는 지식은 학생들이 현재와 미래를 살아가는데 필요한 지식으로, 삶과 연관되어 있어야 합니다. 학생들의 배움이 일어나고 삶과 연결된 장소인 학교에서 실제 문제 해결에 기여해보는 수업으로 비판적·창의적 사고 역량을 기르고자 합니다.

수업 디자인

학년	4학년	교과	국어
주제	우리 학교의 문제점을 해결하기 위해 제안하는 글쓰기		

수업 흐름

도입

① 오리엔티어링이란?
- 오리엔티어링에 관한 영상 보며 오리엔티어링이 무엇인지 알아보기

② 배움 주제 확인하기
- 우리 학교의 문제점을 해결하기 위해 제안하는 글쓰기

전개

① 오리엔티어링 방법 알아보기
- 오리엔티어링 방법 익히기
- 오리엔티어링을 할 때 주의할 점 이야기하기

② 오리엔티어링을 하며 우리 학교의 문제점 찾기
- 주어진 지도를 활용해 우리 학교의 곳곳을 살펴보기
- 마커가 있는 장소에 찾아가 펀치로 표시하고 문제 상황 비판적으로 보기

③ 오리엔티어링 결과 공유하기
- 오리엔티어링을 하며 찾은 문제 상황에 대해 공유하기

④ 문제 상황 해결을 위한 토의하기
- 모둠에서 문제 상황 한 가지를 고르기
- 문제 상황을 해결하는 방법 토의하기

⑤ 제안하는 글쓰기
- 토의 결과를 바탕으로 제안하는 글에 들어갈 내용 정리하기
- 정리한 내용을 바탕으로 제안하는 글쓰기
- 제안하는 글의 특징이 잘 드러났는지 확인하고 고쳐쓰기

수업 흐름	정리 ① 제안하는 글 붙이고 홍보하기 - 문제 상황을 발견한 곳에 제안하는 글을 붙이고 홍보하기 ② 수업을 통해 배운 점 이야기하기

수업 살펴보기

도입 ❶ 오리엔티어링이란?

오리엔티어링에 관한 영상을 보며 오리엔티어링이 무엇인지 알아본다. 오리엔티어링을 처음 들어본 학생들은 숲에서 지도와 나침반을 이용해 경주하는 모습을 흥미롭게 지켜보았다. 그리고 숲에서 하는 오리엔티어링이 이번 수업에서 어떻게 적용될지 궁금해했다.

도입 ❷ 배움 주제 확인하기

우리 학교의 문제점을 해결하기 위해 제안하는 글을 쓰자는 배움 주제를 공유한다.

전개 ❶ 오리엔티어링 방법 알아보기

오리엔티어링 방법에 대해 알아보기 위해 모둠별로 지도와 학습지를 나누어준다. 지도를 보면서 마커가 설치된 장소를 알려주고 학습지에 해당 장소의 문제점을 찾아 학습지에 적게 한다. 오리엔티어링의 방법은 다음과 같다.

> ❶ 먼저 모둠별로 주어진 지도를 살펴보고, 학습지별로 주어진 장소 번호를 확인한다.
> ❷ 지도를 보고 장소를 찾아간다.
> ❸ 장소에 설치된 마커와 펀치를 확인한다.
> ❹ 학습지의 번호 칸에 펀치로 표시를 한다.
> ❺ 찾아간 장소의 문제점을 살펴보고 학습지에 문제점을 적는다.

오리엔티어링 방법을 공유하고, 오리엔티어링을 할 때 주의할 점이 무엇인지 묻고 답하며 함께 이야기한다. 학생들 스스로 주의할 점을 잘 이야기하는데, 이를 바탕으로 모둠별 규칙을 정하도록 한다.

> **TIP** 오리엔티어링 지도는 각 학교의 청소 배치표를 활용하면 준비가 쉽다. 마커를 설치하는 장소를 모둠의 2배수 정도로 설정하고, 찾아갈 장소의 번호를 모둠별로 다르게 구성한 학습지를 나누어 준다. 그래야 학생들이 한 장소에 겹치지 않고 다양한 장소에서 다양한 문제점을 찾을 수 있다.
> - 모둠별 활동이므로 학생의 특성과 수준을 고려하여 모둠을 구성하고 협업 능력을 키울 수 있도록 한다.
> - 학생들이 직접 모둠 내 규칙을 만들고 자발적으로 지킬 수 있도록 독려한다.
> - 오리엔티어링으로 학교 곳곳을 돌아보는 활동은 학생 중심 학교 공간 혁신 사업을 추진할 때도 활용할 수 있다.

> **TIP** 오리엔티어링 활동 시 유의점
> ❶ 다른 반은 수업 중이므로 방해되지 않도록 한다.
> ❷ 절대 뛰지 않으며, 안전하게 이동한다.
> ❸ 모둠원이 규칙을 정해 잘 지키고 서로 협동한다.
> ❹ 긴급 상황이 벌어지면 즉시 담임 선생님께 말씀드린다.

전개 ❷ 오리엔티어링을 하며 우리 학교의 문제점 찾기

주어진 지도를 활용해 우리 학교 곳곳을 살펴본다. 마커가 있는 장소에 찾아가 펀치로 표시하고 문제점이 있는지 비판적으로 관찰한다.

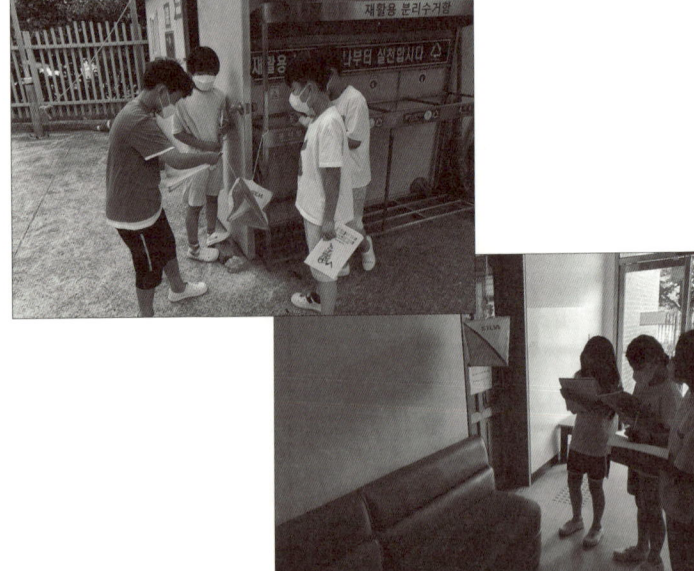

학생들은 학교 곳곳을 돌아다니며 마커를 찾고 펀치로 표시를 하는 것 자체를 즐거워했고 재미있게 참여했다. 학생들은 평소 그냥 지나치던 장소를 자세히 관찰하면서 문제 상황을 찾았는데, 학교에 이런 장소가 있는지 전혀 몰랐다는 학생도 있었다. 이처럼 학생들이 문제 상황을 발견할만한 장소를 사전에 교사가 미리 선정하면 학교에 대한 학생들의 관심도 높일 수 있다.

> **TIP** 문제점을 발견할 수 있는 장소 선정 예시
> ❶ 공용 현관: 낙서가 되어 있음.
> ❷ 재활용 창고: 분리수거가 잘 되어 있지 않음.
> ❸ 놀이터: 주변에 쓰레기가 많음.
> ❹ 도서실: 떠드는 학생들이 많음. 책이 잘 관리되지 않고 있음.

전개 ❸ 오리엔티어링 결과 공유하기

모둠별로 활동이 끝나면 교실로 돌아와 활동한 결과 찾은 문제점을 발표하며 활동한 결과를 공유한다.

> A: 저희는 공용 현관을 갔었는데, 벽에 연필 자국이 있었습니다. 본관 건물에 들어가자마자 보이는 곳인데 낙서가 되어 있으니 보기 안 좋았어요.
> B: 저희는 연결통로에 갔는데 햇빛이 잘 들어오고 많은 사람이 오갈 수 있는 넓은 계단이 있어 좋았지만 먼지가 많고 계단이 파손되어 있거나 쓰레기가 많았습니다.

C: 저희는 놀이터에 갔는데 미끄럼틀 근처에 쓰레기가 많았습니다. 과자 껍데기나 먹다 만 음료수통을 발견했는데 더러워서 미끄럼틀을 이용하고 싶지 않았습니다.

D: 저희는 재활용 창고에 갔는데요. 분리수거가 제대로 되어 있지 않아서 엄청 더러웠습니다. 종이함에는 재활용할 수 없는 종이도 많았고, 플라스틱이나 캔을 아무렇게나 던져놓은 것도 문제라고 생각합니다.

학생들은 평소에 그냥 지나치던 장소를 자세히 관찰하면서 문제점을 잘 찾아냈다. 다른 모둠의 발표를 듣고 의견을 보충하기도 했고, 오리엔티어링 활동으로 직접 가서 본 것은 아니었지만 평소에 보면서 느낀 문제점을 이야기하기도 했다.

전개 ❹ 문제 상황 해결을 위한 토의하기

모둠에서 찾은 문제 상황 중에 해결하고 싶은 주제를 한 가지 정하고 문제 상황을 해결하는 방법을 토의한다. 이때, 오리엔티어링 활동으로 간 장소 말고 도서실이나 급식실, 화장실 등 평소에 보고 느낀 문제 상황을 다루고 싶다는 모둠이 있었는데, 이것이야말로 삶과 밀접하게 연관되어 있으므로 적극적으로 독려하였다. 학생들은 토의를 통해 자기 아이디어만 고집하지 않고, 자신의 의견을 다른 친구들의 의견과 비교할 수 있다.

전개 **❺ 제안하는 글쓰기**

　전 차시에서 학생들은 제안하는 글의 특성을 알아보고 제안하는 글을 쓰는 방법과 과정을 익혔다. 이번 수업에서는 직접 관찰한 문제 상황을 해결하기 위해 자신의 의견이 드러나게 제안하는 글을 쓴다. 글에는 문제 상황과 해결 방법, 까닭이 드러나도록 해야 하는데 제안하는 글이 설득력을 갖기 위해서는 알맞은 까닭이 꼭 드러나야 함을 이야기한다. 글을 쓴 이후에는 읽는 사람을 고려하여 썼는지, 제안하는 내용과 까닭이 잘 드러나는지, 문장의 짜임에 맞게 썼는지 스스로 자신의 글을 점검하게 한다. 제안이 단지 글쓰기로만 끝나는 것이 아니라 생활 속에서 실천될 수 있으려면 실천할 수 있는 일을 제안해야 한다는 것도 짚어주도록 한다.

[학생이 쓴 제안하는 글]

〈급식실에서 뛰지 않기 제안〉

친구야! 급식실에서 뛰지 않기를 제안할게. 급식실에서 뛰는 친구가 있어서 이렇게 글을 써. 급식실은 우리가 밥을 먹는 공간이야. 그런데 그곳에서 뛰면 음식을 받아오는 친구나 받으러 가는 친구와 부딪쳐서 음식이 옷에 묻고, 바닥에 흘릴 수가 있어. 그러면 냄새가 나고 보기 안 좋아. 또, 급식실을 청소하시는 분께서도 힘드시겠지? 그렇기 때문에 급식실에서 뛰지 않으면 좋겠어. 급식실에서 뛰지 않으면 보다 청결한 급식실을 만들 수 있을 거야. 우리 모두 노력해서 청결한 급식실을 만들 수 있도록 하자!

〈도서실에서 조용히 하기 제안〉
애들아, 안녕? 나는 OOO이야. 요즘에 도서실에서 시끄럽게 하는 친구들이 많아. 그래서 시끄럽게 하지 않으면 좋겠어. 왜냐하면 책을 읽고 있는 아이들이 책에 집중할 수 없고, 서로 피해를 줄 수 있기 때문이야. 약속을 잘 지켜줘. 그럼 안녕.

〈식수대 깨끗이 쓰기 제안〉
저는 최근에 식수대에서 손을 씻는 학생을 보았습니다. 식수대는 물을 마시는 용도로 만들어진 것인데, 그곳에서 손을 씻고 있는 학생들을 보았습니다. 제가 제안할 내용은 첫째, '식수대 깨끗이 사용하기'입니다. 왜냐하면 식수대를 손 씻는 용도로 사용하면 손에 있던 세균이 식수대로 옮겨가서 더러운 물을 마실 수 있기 때문입니다. 둘째, '식수대는 물을 마시는 용도 외에는 사용하지 말자'입니다. 왜냐하면 식수대가 막혀서 물을 마실 수 없을 수도 있기 때문입니다. 그러므로 식수대에서는 손을 씻지 말고 깨끗이 씁시다.

〈공용 현관 낙서하지 않기 제안〉
애들아, 안녕? 공용 현관에 낙서가 많이 되어 있는 것을 발견하고 이 글을 써. 나는 학교 벽에 낙서하지 않기를 제안할게. 공용 현관은 우리 학교 건물을 들어오면 가장 먼저 보이는 곳인데 낙서가 많이 되어 있어서 보기 안 좋아. 꼭 낙서하지 말아줘. 그럼 안녕.

〈분리수거 잘하기 제안〉
이곳은 우리 학교에 꼭 필요한 재활용 창고입니다. 재활용 창고에 쓰레기를 제대로 분리하지 않아서 매우 더러운 것을 발견하였습니다. 재활용 쓰레기를 버릴 때는 제대로 분리를 해야 깨끗하게 유지될 수 있습니다. 그리고 쓰레기가 조금만 나올 수 있도록 사용할 때부터 생각하고 써야 할 것 같습니다. 지구를 위해서 우리가 실천할 수 있는 것 중의 하나인 분리수거를 우리 모두 실천합시다.

학생들은 글 쓰는 것보다 고쳐쓰기를 더욱 어려워하고 귀찮아한다. 그러나 자신이 쓴 제안하는 글이 실제 문제 상황이 발생한 장소에 붙여질 것으로 생각하니 고쳐쓰기에도 열의를 보였다. 글을 고쳐 쓸 때는 의미가 불분명하거나 모호한 문장을 찾아보고, 읽는 사람이 제안하는 내용과 까닭을 분명하게 알 수 있는지를 살펴보게 하였더니 스스로 고칠 점을 찾아내는 학생이 많았다. 그래도 고쳐쓰기를 어려워하며 막막해하는 학생들이 있는데, 그럴 때는 교사가 질문을 통해 피드백을 주었다.

정리 ❶ 제안하는 글 붙이고 홍보하기

제안하는 글을 쓰고 이를 발표한 후, 문제 상황을 찾은 장소에 글을 붙인다. 해당 장소에 붙인 글을 홍보하고 수업을 통해 배운 점을 이야기한다.

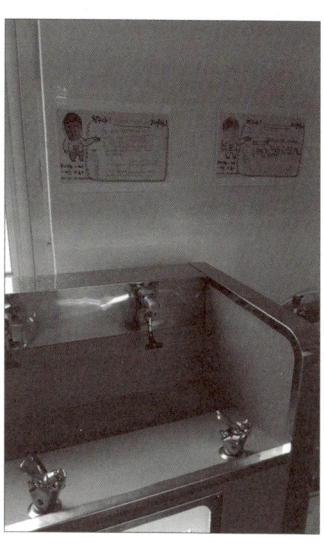

A : 제가 글을 붙인 곳에 가서 본 적이 있는데, 애들이 지나가면서 읽어 보는 것을 보았습니다. 그래도 관심을 두고 글을 읽어주니 쓴 보람이 있었습니다. 친구들이 글을 보고 잘 지켜주면 좋겠습니다.

B : 제가 그동안 무심코 지나치던 곳을 자세히 살펴보고 제안하는 글도 쓰니 그 장소에 더 관심이 갔습니다. 앞으로도 주변을 그냥 지나치지 않고 어떤 문제가 있는지 자세히 살펴봐야겠다고 생각했습니다.

어떤 학생은 문제 상황 해결을 위해 토의하는 과정에서 더 좋은 아이디어가 나와 그 아이디어로 글을 쓰기도 했다. 학생들은 본인이 제안하는 글을 써서 붙인 장소에 더 관심을 가지고 살펴봤다. 자신이 쓴 글이 전시되고, 누군가 그 제안을 받아들이기를 바라며 학교의 또 다른 문제에 대해서도 관심을 가지게 되었다.

수업 성찰과 나눔

겨울샘

이번 차시의 국어 수업은 문제를 해결하기 위해 자신의 의견이 드러나게 제안하는 글을 쓰는 것이 목적이었습니다. 평소에 본 것을 떠올려도 좋지만, 학생들의 흥미와 동기를 높이기 위해 오리엔티어링을 활용하여 학교 곳곳을 둘러보는 활동을 계획하였습니다. 단순히 재미에만 그치는 수업은 지양하고 싶었는데, 다행히 학생들은 찾아간 장소를 진지하고도 비판적으로 관찰하였습니다.

문제 상황을 인식하는 민감성 자체도 길러주고 싶었는데 이번 수업을 계기로 주변의 삶에 관심을 가지고 살펴볼 것 같아 뿌듯하였습니다. 학생들이 학교에서 배우는 지식도 삶과 연계하여 의미 있는 배움으로 확장할 수 있도록 노력해야겠습니다.

창의샘

학생들이 글을 쓰는 것을 어려워한다는 말에 공감합니다. 요즘 학생들은 말로는 자신의 의견을 잘 나타내는데 그것을 글로 표현하는 것은 어려워합니다. 그래서 전차 시에 제안하는 글에 대해 알아보고 제안하는 글을 쓰는 방법을 익히는 것이 매우 중요한 것 같습니다. 우리 주변의 상황에서 문제 상황을 찾고 그를 해결하고자 제안을 해보는 것도 중요하지만 제안하는 글에 대한 사전 학습을 알차게 한 이후에 가능할 것 같습니다.

우리샘

저는 문제 상황을 살펴보고 그냥 제안하는 글을 쓰지 않고 모둠 토의를 거쳤다는 것이 인상 깊었습니다. 토의·토론 수업을 할 때 자기 생각만을 고집하는 아이들이 많은데 토의를 통해서 다양한 아이디어를 들어보면 유연한 사고를 할 수 있을 것 같습니다.

궁금샘

저는 학교와 지역의 문제 상황 해결도 좋지만, 주변에 친구나 가족의 고민에 대해서도 적절한 제안을 해줄 수 있는 배려심을 갖게 된다면 더 좋을 것 같습니다. 또한 오리엔티어링 활동 자체가 경쟁이 되어서는 안 될 것 같습니다. 모둠이 협력해서 장소를 살펴보는 것에 집중하고 경쟁의 요소는 배제하면 좋겠습니다.

이 수업은 학교의 문제 상황을 찾아보고 문제를 해결하고자 제안하는 글을 써보는 데 목적이 있습니다. 오리엔티어링 방식을 활용해 학교의 곳곳을 살펴보며 문제 상황을 비판적으로 살펴보고 이를 해결하는 방법을 떠올려 토의를 하였습니다. 토의에서 얻은 아이디어로 제안하는 글을 쓰고 이를 전시하여 실생활의 문제 해결에 기여하는 경험을 하고자 하였습니다. 학생들에게 필요하고 의미 있는 배움을 얻게 하고자 하였지요.

이처럼 학생들의 삶과 연결된 장면에서 실제로 문제 해결에 기여해보는 경험을 통해 의미 있는 배움을 얻고, 비판적·창의적 사고 역량을 기를 수 있는 수업을 구상하여 실천해보길 적극적으로 추천합니다.

참고문헌

이명애, 플라스틱 섬, SANG, 2020.

교육부, 초등학교 4-1 국어 지도서, 331~340쪽, 2022.

한혜숙, STEAM 교수-학습 프로그램 개발 동향 분석 및 수학교과 중심의 STEAM 교수-학습 프로그램 개발. 한국수학학회지, 27(4), 523~545, 2013

https://steam.kofac.re.kr/

닫는 글

 격변하는 시대의 흐름 속에서 학생들에게 미래 시대의 변화에 발맞출 수 있는 역량을 키워주는 것은 교사의 교육적 소명입니다. 미래 시대를 살아갈 학생들에게 가장 필요한 역량은 생각의 힘입니다. 학생 스스로 사고하고 삶과 연결 지으며 창의성을 발현할 수 있도록 교사는 그 길을 열어주어야 합니다.

 어떻게 하면 수업 시간에 학생들의 생각하는 힘을 키울 수 있을까? 선생님들과 지혜를 모았습니다. 지식만 주입하는 전통적인 수업 방식에서 점차 벗어나려 노력하고 있지만 때로는 지금 하고 있는 수업 방식이 너무 겉치레처럼 느껴진다거나 이벤트성으로 흘러가서 결국은 학생들이 무엇을 배웠는지 잘 모르겠다는 고백에 공감했습니다. 지식만 주입하는 전통적인 수업에서 벗어나 재미있는 수업 활동에 참여하지만 깊이 생각하지 않는 학생들은 여전히 있었습니다. 진정한 학생 중심, 활동 중심, 배움 중심 수업, 학생 삶과 연계된 수업을 디자인하기 위해 고민하고 나누었습니다. 수업에 대해 이야기하고 고민하면서 성찰하는 시간이 즐거웠습니다. 더불어 학생들의 생각하는 힘을 키우기 위해 활용한 방법을 통해 교사들의 생각하는 힘도 키울 수 있었습니다.

　좋은 수업을 하고 싶다는 열망이 있어도 지금껏 쌓아 올린 교실의 장벽을 허물기는 쉽지 않습니다. 지금은 예전보다 수업 나눔이 활성화되어 다른 선생님들의 수업을 보고 서로 이야기를 나눌 기회는 많아졌지만 정작 자신의 수업을 다른 선생님들에게 공개하는 것에는 용기가 필요합니다. 그리고 용기 내어 수업에 대해 같이 고민하고 이야기 나눈 내용을 바탕으로 교실 수업에서 실천해 나가는 과정에서 조금씩 생각의 씨앗을 꽃피워 나가는 학생들을 발견하는 것은 큰 기쁨입니다.

　이 책 한 권이 대단한 해결책을 제시하지는 못하겠지만 늘 수업을 고민하고 있는 많은 선생님들에게 '다함께 고민해 봅시다.'라는 작은 손짓이라도 해보자는 의미로 준비했습니다. 학생들에게 '생각의 힘'을 길러주고 싶어 고민하고 있는 선생님들에게 부디 조금이나마 도움이 되었길 바랍니다. 그리고 여러 선생님들의 지혜가 모여 이 책이 마련된 것처럼 이 책을 읽은 선생님들도 혼자가 아닌 주변의 동료 선생님들과 이야기 나누고 토론하며 수업에 대한 고민을 함께 풀어나가길 바랍니다.